全員活躍チームをつくる
シェアド・リーダーシップ

リーダーシップ・シフト

Shiho Horio　Jun Nakahara
堀尾志保　中原 淳

LEADERSHIP
SHIFT

shared
leadership

日本能率協会マネジメントセンター

はじめに ── マネジャーの皆さんへ

　この本は、現在マネジャーを担っている方、また、これからマネジャーを担っていくであろう方に向けて書かれたものです。

　マネジャーおよびマネジャー候補生の皆さんが、自分の職場やチームを「全員活躍チーム」の状態にしていくこと。すなわち、チームの全員がリーダーシップを発揮して活躍し、成果を上げるチームのあり方である「シェアド・リーダーシップ（shared leadership：共有されたリーダーシップ）」を、いかに実現していくかについて、様々な研究、データに基づきながらご説明をしていきます。

　シェアド・リーダーシップが実現するチームづくりを社内に広めようと考えている企業の経営者や人事部門の方々、また、大学などでシェアド・リーダーシップを学ぼうとされている学生の皆さんにも活用いただける内容となっています。

さて、突然ですが、1つ質問です。
あなたは自分自身のリーダーシップに自信がありますか？
このように問われて、あなたは「はい」と答えられますか？

　「リーダーシップ」という言葉は、「力強く、勇ましく、頼りがいのあるリーダー」を想起させます。メディアでは、著名な企業で大変革を成し遂げたカリスマ的な経営者や大きな大会で優勝を果たしたスポーツチームの監督などが取り上げられ、「強いリーダーシップで、組織やチームを率いた」と称賛されます。そして、数カ月も経たないうちに、そうした成功者の考え、ノウハウを伝える「リーダーシップ本」が出版されたりします。もちろん力強いメッセージでメンバーを鼓舞し、高い成果

をもたらす「カリスマ的リーダー」には魅力があり、学ぶところも大いにあります。

一方、こうした力強く勇ましいリーダーがクローズアップされ、多くの書籍が出版されて、それで世の中に同様のリーダーは増えたでしょうか。

私たちには、そうは思えません。「圧倒的成功者」の語る勇ましい言葉に心が鼓舞されはしても、あまり実践や成果につながっていない気がします。むしろ、「自分とは器が違う」「自分にはリーダーは向いていない」と、自信をなくしてしまう、という方も少なくない印象を持ちます。

メディアや書籍で華々しいリーダーの活躍が取り上げられ続けている一方で、実は今、企業の多くのマネジャーは、自身のリーダーシップに以前よりも不安を覚えるようになっています。私たちが、日本の大手企業の課長548名に実施した調査[1]では、**5年前と比べて「自分のリーダーシップに不安を覚えることが増えた」と回答した課長は、半数近くにも上りました。また、5年前と比べて「自分が管轄する部やチームを自分1人のリーダーシップだけで牽引していくのは限界があると感じることが増えた」と回答した課長も、過半数にも及びました**（図表0-1）。

なぜ以前に比べて、多くのマネジャーが、自分のリーダーシップに不安を覚え、自分1人のリーダーシップだけで管轄する部やチームを牽引していくのは限界がある、と感じるようになっているのでしょうか。

それは、「最近のマネジャーの能力不足」が原因でも、「最近のマネジャーのリーダーとしての器の小ささ」が原因でもありません。その原因は、**「マネジャーが職場でリーダーシップを発揮することの難易度」**が、

1　堀尾志保・中原淳.（2023a）. 日本企業の課長層に関する定量調査.

図表 0-1 日本の課長層のリーダーシップに対する認識

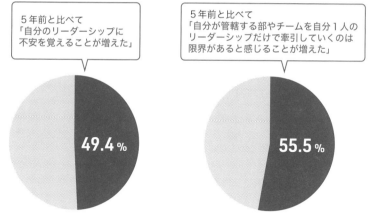

5年前と比べて
「自分のリーダーシップに
不安を覚えることが増えた」

5年前と比べて
「自分が管轄する部やチームを自分1人の
リーダーシップだけで牽引していくのは
限界があると感じることが増えた」

49.4%

55.5%

(n = 548)
※「とても当てはまる」「やや当てはまる」を合計した割合
出所：堀尾志保・中原淳 (2023a)

▶ 日本の課長の約半数が、自分のリーダーシップに不安を覚えるように。
▶ 日本の課長の過半数は、自分1人のリーダーシップだけでは限界があると感じるようになっている。

かつてよりも大きく高まっていることにあります。

　第1章で後述しますが、**現在は、職場や仕事において、「複雑化」「少数化」「多様化」「分散化」「多忙化」という5つの大きな変化が生じています**。マネジャーを取り巻く環境に、これらの大きな変化が生じているにもかかわらず、企業におけるマネジャーへの過剰な期待は変わっていません。**多くの職場では、リーダーシップを発揮することは、マネジャー1人に期待されています**。マネジャー自身も、自らが全ての面でリーダーシップを発揮しなければと意気込み、チームの舵取りや様々な課題への対処を1人だけで抱え込んでしまっているような職場があちこちにあります。この背景には、**「リーダーシップは、マネジャーなどの役職に就く公式なリーダーが1人で発揮するもの」という固定観念**が

長く人々に根付き、共有されているという理由があります。

　しかし、**現在の職場では、複数の大きな変化が同時に進行しており、リーダーシップが必要となる場面が以前よりも格段に増えています。また、求められるリーダーシップの質も上がっています**。にもかかわらず、「リーダーシップは、マネジャーなどの役職に就く公式なリーダーが1人で発揮するもの」という固定観念が変わらず人々に根付いているのです。かくして、マネジャーの負荷は増す一方です。日々、あらゆる課題の対処に奔走し、長時間労働を強いられているマネジャーたちの姿を目にし、「管理職になりたくない」と考える一般社員は、今や77.3％にも上るというデータもあります[2]。

　私たちの調査結果からも、マネジャーが抱える負荷、ストレスが見て取れます。図表 0-2 にあるように、マネジャーの62.4％、つまり**約3分**

図表 0-2 日本の課長層の負担やストレスに関する認識

5年前と比べて
「管理職の負担やストレスが増えた」

62.4 %

(n = 548)
※「とても当てはまる」「やや当てはまる」を合計した割合
出所：堀尾志保・中原淳 (2023a)

▶ 日本の課長の約3分の2が、負担やストレスの増大を感じている。

2　日本能率協会マネジメントセンター．(2023)．管理職の実態に関するアンケート調査．

の２のマネジャーが、５年前と比べて「管理職の負担やストレスが増えた」と回答しており、マネジャーが負荷の増大を実感していることが浮き彫りとなっています。

しかし、ここでもし「リーダーシップは、マネジャーなどの役職に就く公式なリーダーが１人で発揮するもの」という、この固定観念をひっくり返すことができるのだとしたら、どうでしょうか。つまり、もう「マネジャーたった１人のリーダーシップ」だけに頼るのは困難なのだから、**マネジャー１人に頼るのは止めにしよう**、ということです。本書では、世の中に長年根付いていたリーダーシップにまつわる固定観念を「ひっくり返し」ます。

それにかわって本書で提案しているのは「シェアド・リーダーシップ」というチームのあり方です。**それは、マネジャー１人にリーダーシップの発揮を求めるのではなく、チームメンバー全員が自分の強みを活かして、リーダーシップを発揮している状態です。**

昨今、イノベーティブ企業などをはじめとした、成果を上げている様々なチームで、「シェアド・リーダーシップ」というチームのあり方が実践され、注目を集めています。「シェアド・リーダーシップ」とは、職場の**「一人ひとりがリーダーシップを発揮し、その影響力が、複数のチームメンバーによって担われている創発的なチームの状態」**を指します[3]。一言でいうと**「全員活躍チーム」**です。

　一般的に「リーダーシップ」というと、先ほど記したように「マネジャーなどの役職に就く公式なリーダーが1人で発揮するもの」というイメージを持たれがちです。**しかし、シェアド・リーダーシップが実現している全員活躍チームでは、リーダーシップを発揮するのは、マネジャー1人ではありません。**メンバーがそれぞれの強みを活かしてリーダーシップを発揮し、同時にお互いをカバーし合いながら、1つの目標に向かって進んでいきます。マネジャーだけでなく、メンバーによっても発揮されるリーダーシップによって、チーム内で創発的に様々な良い影響が生じます。**本書では、こうしたチームのことを"シェアド・リーダーシップな全員活躍チーム"と呼ぶことにします。**

　"シェアド・リーダーシップな全員活躍チーム"は、成果創出[4,5]やイノベーションの創出[6]においてプラスの効果を持つことが近年のリーダーシップ研究で実際にわかってきました。そして、シェアド・リーダーシップな全員活躍チームは、昨今、急速に普及したテレワークにも向いてい

3　堀尾志保・中原淳. (2022). 共有型リーダーシップ研究の動向と展望―先行要因・モデレータ要因研究に着目して. 産業・組織心理学研究 , 36, 29-52.
　　上記で用いた定義を一般の読者にもわかりやすい表現に一部修正しています。

4　Ensley, M. D., Hmieleski, K. M., & Pearce, C. L. (2006). The importance of vertical and shared leadership within new venture top management teams: Implications for the performance of startups. The Leadership Quarterly, 17, 217-231.

5　石川淳. (2013). 研究開発チームにおけるシェアド・リーダーシップ―チーム・リーダーのリーダーシップ, シェアド・リーダーシップ, チーム業績の関係. 組織科学, 46, 67-82.

6　Ziegert, J. C. & Dust, S. B. (2021). Integrating formal and shared leadership: the moderating influence of role ambiguity on innovation. Journal of Business and Psychology, 36, 969-984.

ることなども明らかにされつつあります[7]。さらに、こうしたチームでは、メンバーの満足度も向上することが示されています[8]。そのため、今後、日本では少子高齢化で労働力の確保が課題となっていくなかで、メンバーの転職を防ぐリテンションの効果も期待できそうです。これらの具体的な内容は、第1章で詳しく取り上げます。

　シェアド・リーダーシップな全員活躍チームにまつわる研究成果が次々と実証されていることから、シェアド・リーダーシップが実現しているチームをつくることが近年注目されるようになってきているのです。

　それでは、このシェアド・リーダーシップ。どうやったら、つくり上げることができ、かつ、自分の職場やチームを「全員活躍チーム」に変貌させることができるのでしょうか。既述したように、これまでに、シェアド・リーダーシップに関しては、様々な研究が蓄積されていますが、

シェアド・リーダーシップな全員活躍チームを、いかにつくるのか？

については、あまりわかっていませんでした。そこで、私たちは、**シェアド・リーダーシップな全員活躍チームを実現させているマネジャーを対象とした調査を行いました**[9]。

　調査から見えてきたことは、マネジャーたちは、何となく自然にシェアド・リーダーシップな全員活躍チームを実現したのではなかったということです。むしろ、マネジャーは**「意図的」**でした。**マネジャーたち**

7　Hoch, J. E., & Kozlowski, S. W. J. (2014). Leading virtual teams: Hierarchical leadership, structural supports, and shared team leadership. The Journal of Applied Psychology, 99, 390–403.

8　Serban, A., & Roberts, A. J. B. (2016). Exploring antecedents and outcomes of shared leadership in a creative context: A mixed-methods approach. The Leadership Quarterly, 27, 181-199.

9　堀尾志保・中原淳. (2023b). 管轄チームの共有型リーダーシップ促進に向けた企業管理職の行動過程と行動内容に関する探索的研究. 日本労務学会誌, 24, 21-41.
　※　日本労務学会誌 編集委員会より本書出版の許可を得ています。

は、シェアド・リーダーシップの実現をしっかりとイメージして、「意図」を持って、それをつくり上げていたのです。

　マネジャーが、意図的にシェアド・リーダーシップを仕掛けるプロセスでは、自身の行動を変えていることも見えてきました。つまり、マネジャーの行動面での「リーダーシップ・シフト（リーダーシップの変化：leadership shift）」によって、チームの「リーダーシップ・シフト」を生じさせていることが、発見できたのです。

　本書では、私たちが行った調査で明らかになった知見をベースとして、マネジャーの行動のシフトによって、シェアド・リーダーシップな全員活躍チームへとシフトさせていくプロセスを説明しています。マネジャーの皆さんが、シェアド・リーダーシップな全員活躍チームを実現できるよう、次の5つのSTEPで、マネジャーの行動のシフトのプロセスをまとめました。

　　　STEP1　イメトレしてはじめる
　　　STEP2　安心安全をつくる
　　　STEP3　ともに方針を描く
　　　STEP4　全員を主役化する
　　　STEP5　境界を揺さぶる

　STEPの1から5まで順を追って実践し、少しずつリーダーシップの発揮の仕方を変化、つまり"シフト"させていくことで、**リーダーシップは、「マネジャーが1人で発揮するもの」から、「マネジャーもメンバーも全員が発揮するもの」へと、チームのあり方を無理なく"シフト"し**ていくことができるようになっています。

　本書は、私、中原淳が責任者を務める立教大学大学院経営学研究科、

中原研究室で博士号（経営学）を取得し、日本能率協会マネジメントセンターでリーダーシップ研究・開発分野の統括をしている堀尾志保さんが、私とともに行ってきたいくつかの共同研究による知見をベースにして構成されています。私たちが行った調査に加え、良いチームづくりにまつわる様々な他の研究知見も随所に取り入れながら、現場のマネジャーの皆さんが読み進めやすいものとなるよう工夫しました。

　もしもあなたが、自分1人でチームを動かしていくことに限界を感じており、ここまで読まれて、「自分も全員活躍チーム、シェアド・リーダーシップなチームをつくることにチャレンジしてみたい！」と思っていただけたならば、本書は絶好の指南書となります。

　本書が、マネジャーの皆さんが勇気を持ってリーダーシップの発揮の仕方を"シフト"し、全員活躍チームをつくる一助となったら、私たちにとって、これほどの喜びはありません。

　職場やチームには、すぐに「劇的な変化」は訪れません。しかし、マネジャーやリーダーの皆さんが自ら変わろうと思った「その日」から、目に見えないような「わずかな変化」が確実に生まれ、蓄積されていきます。「わずかな変化」が積み重なって、しばらくしたとき、ある日、突然、職場のメンバーの1人が、ひょんなことを口にするのです。

「うちの職場、最近、明るくなったね」と。

　本書を手に取った、今日こそが、その第1日目です。あなたのリーダーシップ・シフト Day1 のはじまりです。

2024年5月
初夏の風がそよぐ立教大学キャンパスにて

調査概要

「はじめに」に記したように、本書は、私たちが行ったいくつかの調査研究に基づいて構成されています。調査結果については、本文中の関連箇所で順に記していきますが、以下では、各調査の概要を記します。

調査 1：定量調査（数字を用いた調査）

　私たちは、日本の大手企業に所属する課長層 548 名に対して、「**日本企業の課長層に関する定量調査**」を実施しました[10]。本書では、この調査のことを以降、本文中では「独自定量調査」と記載します。調査の概要は、次ページの通りです。この独自定量調査の結果の引用は、著者らの確認は必要なく、自由に引用いただくことが可能です。ただし、引用に際しては、必ず、次の例のような形で、著者名、発行年、調査名を記載いただき、出典の明記をお願い致します。

【出典表記例】
堀尾志保・中原淳（2023）「日本企業の課長層に関する定量調査」

10　立教大学大学院中原研究室と日本能率協会マネジメントセンターの共同企画で実施した調査です。本書の著者である堀尾志保、中原淳で共同研究を行いました。

日本企業の課長層に関する定量調査の概要

調査内容

日本企業の課長層の職場、業務負担、リーダーシップ
などに関する現状認識

調査時期

2023 年 7 月 28 日〜 8 月 1 日

調査方法

インターネットによる定量調査（インターネット調査会社を活用）

調査対象

・従業員数 1,000 名以上の企業に所属し、部下 1 名以上を持つ
　課長層（n = 548）

調査対象者の属性

性別	n	%
男性	528	96.4
女性	20	3.6
合計	548	100.0

職種	n	%
会社員（事務系）	297	54.2
会社員（技術系）	202	36.9
会社員（その他）	49	8.9
合計	548	100.0

企業規模（所属企業の従業員数）	n	%
1,000 人〜 3,000 人未満	169	30.8
3,000 人〜 10,000 人未満	173	31.6
10,000 人以上	206	37.6
合計	548	100.0

調査２：定性調査（言葉を聞き取る調査）

　私たちは、職場で、全員活躍チーム、つまり、シェアド・リーダーシップなチームを実現しているマネジャーの方々へのインタビュー調査も実施しました。インタビュー調査の実施にあたっては、次の企業の方々にご協力をいただきました。

調査にご協力いただいた企業[11]

博報堂

電通

LINE ヤフー

塩野義製薬

村田製作所

ワークマン

パナソニック

デンソー

サントリー

三菱地所

コニカミノルタジャパン

阪急阪神ビルマネジメント

大塚商会

　調査にご協力をいただいた企業は、大手の先進企業というだけでなく、イノベーションに優れた企業としても評価を得ている企業で

11　調査は合計 14 社で行いましたが、企業名は公開の許可をいただいた 13 社を掲載しています。

す。いずれの企業もビジネスジャーナルにおいて、多面的な指標に
よってイノベーティブ企業を評価したランキングでランク入りして
いる企業です [12]。

　次々と新たな取り組みを推進し、イノベーティブな取り組みを
行っている企業では、全員が活躍し、シェアド・リーダーシップな
チームの状態をつくっていく必要性がより一層高いと考えられます。
そこで、私たちは、イノベーティブな企業に所属し、シェアド・リー
ダーシップな全員活躍チームを実現させているマネジャーの方々に
インタビューをさせていただくことにしました。

　調査にご協力いただいた企業の人事部門などのご担当者には、人
事関連のデータや社内ヒアリングなどをもとに、シェアド・リーダー
シップなチームを実現しているマネジャーの方々を推薦いただきま
した。各社から推薦いただいたマネジャーの方々に、著者らにて個
別にインタビューを行い、シェアド・リーダーシップな全員活躍チー
ムをつくるために心がけていること、行っていることなどについて
じっくりとお話をうかがいました。

　ご協力いただいた 14 社の企業の皆様には、この場を借りて、改
めて御礼申し上げます。ご多忙のなか、貴重な知見をご提供くださ
いまして、本当にありがとうございました。

　インタビュー調査の結果は、M-GTA（modified grounded theory
approach：修正版グラウンデッド・セオリー・アプローチ）という
手法を使って分析を行い、学会の論文としてもまとめています。定
性調査の概要は、次の概要欄をご参照ください。

12　日経クロストレンド.（2019）. イノベーション 300 調査. 日経 BP.（本書の調査ではグループ会社、
系列会社を含む。）

日本のイノベーティブ企業を対象とした定性調査の概要

調査内容

1）企業管理職のシェアド・リーダーシップにまつわる意識・価値観の獲得プロセス[13]

2）管轄チームのシェアド・リーダーシップ促進に向けた企業管理職の行動プロセスと行動内容[14]

調査時期

2020 年 12 月〜 2021 年 2 月

調査方法

個別インタビュー調査

調査対象（n = 15）

管轄チームにおいて、シェアド・リーダーシップを醸成していると周囲から認められている課長層の企業管理職

本書では、現場のマネジャーの皆さんにわかりやすくお届けするため、上記調査をもとに学術論文としてまとめた内容を 5 つの STEP に再構成し、できる限りシンプルにまとめました。

---

13 調査内容 1）については意識・価値観の獲得面に焦点化して、以下にて学会発表を行いました。
堀尾志保・中原淳.（2021）.シェアド・リーダーシップ重視の価値観獲得に至る管理職の学習プロセスに関する探索的研究. 経営行動科学学会第 24 回年次大会発表原稿集, 99-106.

14 調査内容 2）については、シェアド・リーダーシップなチームづくりを行うマネジャーの行動面に焦点化し、企業管理職の現管轄チームにおける行動発揮にまつわるデータのみに焦点を当てて分析を行い、学会の学術誌へ論文投稿を行いました（脚注 No.9 の論文）。この調査内容 2）が本書のベースとなっています。

CONTENTS
目次

序 章　マネジャーを取り巻く変化

第 1 章　シェアド・リーダーシップとは

第2章 STEP1 イメトレしてはじめる

第 3 章	STEP 2 安心安全をつくる

第4章 STEP3 ともに方針を描く

第5章 STEP4 全員を主役化する

第 **6** 章 **STEP 5 境界を揺さぶる**

第 7 章 シェアド・リーダーシップを組織の力に

序 章

マネジャーを取り巻く変化

「はじめに」でも触れたように、今は、マネジャーの皆さんが1人だけでリーダーシップを発揮してチームを束ねていくことが、かつてより難しくなっています。本章では、その背景にあるマネジャーの皆さんを取り巻く変化を、①複雑化、②少数化、③多様化、④分散化、⑤多忙化という5つのキーワードから確認していきたいと思います。この"5大変化"は、新任、ベテランを問わず、多くのマネジャーの方々の周辺で起きていることです。

5大変化の内容は、シェアド・リーダーシップの内容とその実現方法を、すぐにでも知りたい方には、一見「遠回り」のように見えるかもしれません。しかし、これらの変化を押さえておくと、「シェアド・リーダーシップ」が、なぜ現代社会において多くの企業から注目されているのか、その理由をより深くご納得いただけると思います。

この5大変化を踏まえたうえで、私たちは「未来に必要となるリーダーシップ」に目を向けます。これまで「リーダーシップは、マネジャーなどの役職に就くリーダーが1人で発揮するもの」と見なされてきました。しかし、**5大変化を前にすると、「マネジャーなどの役職者1人のリーダーシップ"だけ"では、全く足りなくなっている」**ということが見えてきます。

リーダーシップの見方に変化が起きているのは、日本だけではなく、グローバルな動きです。本書では、リーダーシップが、世界標準の議論では、どのように見なされるように変化してきているのかをご紹介していきます。そのうえで、新たな時代に向かって、**マネジャーのリーダーシップの発揮の仕方をどのようにシフトさせていく必要があるのか、それによってチームをどうシフトさせていく必要があるのか**を整理したいと思います。

①複雑化：前例踏襲ではもう対応できない

　現在のマネジャーが自分 1 人のリーダーシップで職場やチームを束ね ていくことを難しくさせている 1 つ目の変化に、**課題や仕事の「複雑化」** が挙げられます。かつてのマネジャーたちは、自分自身が仕事の進め方 を「最も」熟知しているなかで、チームをリードすることができました。 これは、扱う仕事が、過去の経験や知識を活用しながら、より速く、よ り効率的に行えるよう改善を重ねるような性質の仕事が中心だったから です。

　ところが、**昨今では、これまでとは異なる全く新しいものをつくり出 す仕事、新たな知識・技術・スキルを必要とする仕事が日々求められる ようになってきています。**例えば、デジタルツールを駆使したビジネス、 データを活かしたビジネス、これまでの顧客とは全く異なるビジネス相 手との協業などが、現在のビジネスシーンでは日常茶飯事のように繰り 返されていることを想起すればいいでしょう。**図表序 -1 にあるように 私たちが行った独自定量調査でも、マネジャーの約 3 分の 2 が、5 年前 に比べて、「前例踏襲では対応できない課題や仕事が増えた」と回答し ています。**

　なぜ、こうした変化が起きているのでしょうか。その背景には、「新 事業、イノベーションニーズの高まり」があります。新事業やイノベー ションというと、新事業部門や製品開発部門など特定の仕事に関連して いる人だけに関わるものという印象を持つ方もいらっしゃるかもしれま せん。しかし、今、新事業的発想やイノベーション的な動きが求められ ているのは、一部の業界、一部の業種の人だけではありません。多くの 現場の人々が、前例踏襲では成果を出せないことに悩まれています。

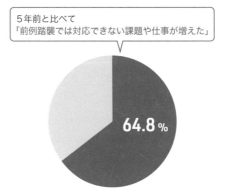

図表序-1 日本の課長層の課題や仕事に関する認識

5年前と比べて
「前例踏襲では対応できない課題や仕事が増えた」

64.8%

(n = 548)
※「とても当てはまる」「やや当てはまる」を合計した割合
出所：堀尾志保・中原淳 (2023a)

▶ 日本の課長の約３分の２が、「前例踏襲では対応できない課題や仕事が増えた」と感じている。

絡めて、なりふり構わず、儲けろ！

　先日、ある大手IT企業にお勤めの営業マネジャーの方が、次のようにぼやいておられました。「昔、上から言われていたのは『とにかく自社のコンピュータをたくさん売れ！』でした。でも、今は『何かしら、ITシステムと絡めて儲けろ！』です。さらに『絡めるもの』は、自社のITシステムでもよいけれど、必ずしもそれにこだわらなくてもいい。とにかく『なりふり構わず、顧客の課題を解決して、儲けろ！』と言われます。しかし、なりふり構わずに、何でもしてもいい、と言われても、何からはじめていいのかわからなくて…。今の仕事に前例がないのです。」と話されていました。

　また、ある地方の金融機関のマネジャーの方は、「我々、昔は顧客の相談にのって、定期預金、住宅ローンなどの契約を進めたり、企業に融

資をしたりして、『お金を動かして儲けるのが仕事』だったのです。でも、これからは『お金にまつわる何でも屋』です。資産形成や経営の役に立つことなら、何でもやります。顧客の様々な課題解決をお金を含め、あの手この手を使って対応します。過去のマニュアルは通用しません。」とおっしゃっていました。

　某自動車メーカーのマネジャーの方は、「昔の私たちに求められていたことは『いい車をつくれ！』でした。でも、今は違うんです。今、求められているのは『移動と絡めて何かしらで儲けろ！』です。何をつくるのか、どう儲けるかもわからない。それを決めるところから仕事がはじまります。前例は何もありません」と話されていました。

　このように、今は、様々な業界、業種で働くマネジャーの方たちが、自社が強みを持つ分野で、新たな何かと「絡めて」、新しい商品やサービスを考えたり、新しい売り方、つくり方を考えて、なりふり構わず事業の領域を広げ、新たなやり方を取り入れていくことを迫られています。
　もともと、イノベーションとは**「新結合」**であるとされています[15]。つまり、技術革新だけを指すのではなく、**「既存の何か」**と**「既存の何か」を新しく絡めて、組み合わせることによって新たなものを生み出すことがイノベーション**なのです。そのように考えていけば、「絡めて」儲けるというのはイノベーションを興しながら儲けるということにほかなりません。そして、そうした工夫や発想から生まれてくるのが新事業や新サービスです。今は、あらゆる業界で競争が激化しているため、これまでと同じような製品、サービスを同じようにつくり、同じように売っているだけでは企業の成長が見込めなくなっています。新たな製品、サービスを、新たな方法で生み出し、顧客に届けていかなければ、企業とし

15　Schumpeter, J. A.（1926）. Theorie der Wirtschaftlichen Entwicklung.（塩野谷祐一・中山伊知郎・東畑精一訳（1977）．シュムペーター　経済発展の理論　上・下，岩波書店）

て成長を見込めないだけでなく、存続すら危うい状況になっています。

　このように、今、あらゆる業界での競争が激化している背景には、DX（デジタル・トランスフォーメーション）の急速な進展があります。DXの進展により、様々な業界で参入障壁が低くなり、また、新たなビジネスモデルが生まれやすくなっているからです。DXとは、デジタル技術を用いることで生活やビジネスを大きく変容していくことを指した言葉です。昨今は、DXにより、様々な製品、サービスの機械化、自動化が進められています。

　DXの進展によって、今、様々な分野で海外企業や他業界からの新規参入が進んでいます。これまでであれば参入障壁が高いために新規参入が難しいと思われていた自動車業界にも、例えば、IT企業が電気自動車開発に乗り出したり、ソニーがホンダと提携して電気自動車の開発をはじめたりと、異業界からの新規参入の波が押し寄せています。これは、DXにより、デジタル技術のモジュール化、標準化が進んだことによる変化です。外部から調達した様々な部品やソフトウェアを組み合わせれば、新たな製品やサービスを安価に、効率的につくり出すことが可能になったのです。

　また、DXの進展は、地理的な距離の壁も壊しつつあります。例えば、映画市場の最近の動向を振り返ってみましょう。日本では、映画館の開設には、高額の資金力が必要であるだけでなく、自治体の厳しい条例による衛生基準をクリアする必要があります。そのため、これまでは海外企業の参入は容易ではありませんでした。しかし、現在ではDXの進展により、Netflix（ネットフリックス）社やAmazon（アマゾン）社などの海外企業が、国の境界を越えて、映画などのコンテンツをパソコンやスマートフォンで視聴できるサービスを提供するようになっています。

　このように、DXは、異業界からだけではなく、海外企業からの参入障壁も大きく低下させているのです。Netflix社やAmazon社は、映画館の事業者にとって新規参入企業というだけでなく、新たなビジネスモ

デルを持ち込んだゲームチェンジャーでもあります。ゲームチェンジャーとは、スポーツで試合の流れを一気に変える選手を指しますが、最近では物事の流れを大きく変える存在を指す表現としても使われます。Netflix 社や Amazon 社は月々安価な定額料金で、映画をはじめとする映像コンテンツ見放題のサブスクリプションサービスを提供しています。まさに映画市場におけるゲームチェンジャーといえます。映画館を営む事業者も新しく魅力的なサービスを生み、運営費や提供価格を削減する工夫を続けていかなければ、潜在顧客を新たな競合にどんどん奪われていくリスクが高まっています。

　こうした動きは、もちろん映画市場だけで起きていることではありません。製造業、金融、教育、小売りなど様々な業界で、DX の進展が参入障壁を低下させ、新たなビジネスモデルを生み出しやすくしています。その結果、様々な市場で企業間の競争が熾烈さを増しています。企業は、新事業的発想やイノベーティブな動きで、競合企業よりも価値ある商品・サービスを生み出し、より速く、より広く提供できる仕組みで、ときにはビジネスモデルそのものを見直すような動きをしていかなければ、競争に打ち勝ち、生き残ることができなくなっているのです。

　様々な業界、業種で、新事業的発想やイノベーション的な動きが求められているなかでは、**マネジャーは、かつてのマネジャーのように、前例踏襲的に仕事を進めていくことはできません**。競合他社との戦いに生き残るためには、サービス内容、ビジネスモデルなど、様々な側面に目を向ける必要があり、**課題や仕事は、今後、「複雑化」していく一方です**。むろん、これは、新事業部門や製品開発部門だけに限った話ではなく、購買、製造、出荷、マーケティング、販売、サービスなどあらゆる部門に関わることです。

　前例踏襲では対応できない、「複雑化」した課題や仕事に対応する場合は、やるべきことも、どう進めるかも決まっていない曖昧なところか

らスタートしなければなりません。仕事や業務の進め方をメンバーに確認し、意見してもらったり、許可を取らなくてはならないこともあります。**マネジャーが、自分が持つ知識、スキル、経験を頼りに、自分1人でリーダーシップを発揮してチームで成果を上げていくことが、今はとても難しくなっているのです。**

　実際、私たちが行った独自定量調査では、**前例踏襲では対応できない課題や仕事が増えているマネジャーは、そうでないマネジャーの3倍の割合で、部やチームを「自分1人のリーダーシップだけで牽引していくのは限界があると感じることが増えた」**と回答しています（図表序-2）。

　課題や仕事の「複雑化」により、前例踏襲的な仕事の仕方では許されなくなっている。そして、マネジャーたちも、自分が管轄する部やチームを「自分1人のリーダーシップだけで牽引していくのは限界がある」

図表序-2 日本の課長層のリーダーシップに関する認識

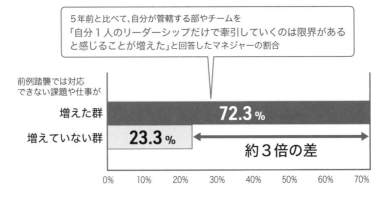

5年前と比べて、自分が管轄する部やチームを
「自分1人のリーダーシップだけで牽引していくのは限界がある
と感じることが増えた」と回答したマネジャーの割合

前例踏襲では対応
できない課題や仕事が

増えた群　**72.3％**

増えていない群　**23.3％**　約3倍の差

0%　10%　20%　30%　40%　50%　60%　70%

(n = 548)
※「とても当てはまる」「やや当てはまる」を合計した割合
出所：堀尾志保・中原淳（2023a）

▶「前例踏襲では対応できない課題や仕事が増えた」と感じている課長の多くが、「自分1人のリーダーシップでチームを牽引していくことに限界」を感じるようになっている。

と感じはじめている。**これが、本書のテーマであるシェアド・リーダーシップな全員活躍チームをつくる必要性が高まっている1つ目の理由です。**マネジャーが「自分1人のリーダーシップ」だけでチームや職場を動かすのではなく、職場・チームの全メンバーにリーダーシップを発揮してもらい、知恵を出し合い、行動していかなければ、この激変期のビジネスを乗り越えられなくなっているのです。

②少数化：加速度的に進行している人手不足

　前例踏襲が通用せず、課題や仕事の「複雑化」が生じている背景には、DXの進展のみならず我が国特有の事情もあります。DXの進展による競争の激化は、世界中で起きている現象ですが、これに加えて**我が国は、人手不足のために「少数化」への対応という大きな課題にも直面しています。**

　皆さんの会社には、十分な数の若い人たちが安定して入社してきていますか？　皆さんの職場は、人手が潤沢でしょうか？

　今、多くの企業が、人手不足の問題を抱えています。帝国データバンクが1万1,506社からデータを収集した調査[16]によると、過半数の企業が、正社員について「人手不足の状態にある」と回答しています。2023年の調査では、「人手不足」が要因の倒産が、10月時点で206件にも上り、過去最多を更新しました。

　日本国内の生産活動を支える15歳から64歳までの人口、いわゆる生産年齢人口は、1995年のピーク以降、減少の一途をたどっています（**図表序-3**）。1995年に約8,700万人だった生産年齢人口が、2040年には約

16　帝国データバンク.（2023）.　人手不足に対する企業の動向調査（2023年10月）.

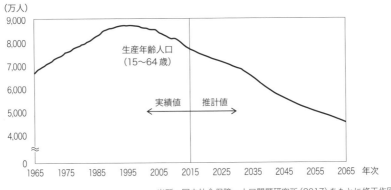

出所：国立社会保障・人口問題研究所 (2017) をもとに修正作図

▶ **2040 年には、日本の労働力の約 3 分の 1 が失われる。**

6,000 万人にまで減少すると推計されています[17]。つまり、**これまでの 3 分の 1 近くの労働力が失われるなかで、私たちは事業を継続していかなくてはならない状況にあるのです。**

　人手不足が加速度的に進行していけば、これまで行っていた業務を同じやり方で同じ人数で行うということはできなくなります。つまり、「少数化」された人員でやりくりをしていくことが必要になります。今、仮に、10 人で回していた店舗があるとして、明日からは、同じ店舗を 6 人で回してください、と言われたら、あなたは店舗の経営者として何をするでしょうか。まずは、生産性を高め、少人数で業務を回せるように、抜本的に業務の進め方を変化させるほかはないことに気づくでしょう。

　最近は、コンビニエンスストアや小売店、病院の会計システムなどで、セルフレジが一気に普及しました。ファミリーレストラン等での機械による配膳も当たり前の光景になっています。今、あらゆる業界で、今後、

17　国立社会保障・人口問題研究所．（2017）．日本の将来推計人口（平成 29 年推計）．

　加速度的に進行していく人手不足に備えるために、抜本的な業務プロセスの見直しが急ピッチで進んでいます。

　抜本的に業務プロセスを見直すためには、マネジャーがこれまでに培った知識やスキル、経験だけでは対処できないことも多数あります。私たちは、これまで慣れ親しんできた仕事のやり方をアンラーニング（unlearning：学習棄却）し、新たな仕事のやり方に適応していかなくてはなりません。マネジャー１人がそれを行うだけではありません。職場のメンバー一人ひとりが、仕事のあり方を見直すことに取り組み、新たな仕事のやり方に適応していかなくてはならないのです。このように、多くの企業で抜本的な業務の見直しが必要となっているためか、私たちの独自定量調査では、**５年前と比べて「自分が持つ知識、スキル、経験だけでは対処できない課題や仕事が増えた」と回答したマネジャーは、62.1％と約３分の２に達しました**（図表序-4）。

　「少数化」への対応として、業務プロセスを抜本的に見直すためには、マネジャーの知識、スキル、経験に基づく考えやアイデアが必ずしも正解となるとは限りません。場合によっては、メンバーにリーダーシップを発揮してもらうほうが有効なケースも多々あります。**これが、シェア**

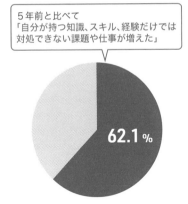

5年前と比べて
「自分が持つ知識、スキル、経験だけでは
対処できない課題や仕事が増えた」

62.1 %

(n = 548)
※「とても当てはまる」「やや当てはまる」を合計した割合
出所：堀尾志保・中原淳（2023a）

▶ 日本の課長の約3分の2が、自分が持つ知識、スキル、経験だけでは対処で
きない課題や仕事が増えたと感じている。

ド・リーダーシップな全員活躍チームをつくる必要性が高まっている2
つ目の理由です。抜本的に業務プロセスを見直すためには、過去のやり
方に慣れ親しんでいるマネジャー1人"だけ"ではなく、これまで社内
では取り入れたことのなかった進め方を知るメンバーや、システムに詳
しいメンバーなど、各分野で強みを持つメンバーにもリーダーシップを
発揮してもらうことで、物事がより進展しやすくなります。

③多様化：みんな一緒はもう終わり

課題や仕事が「複雑化」し、「少数化」に対応するために抜本的な業
務プロセスの見直しが求められるなか、**職場では「多様化」という変化**
も生じています。

　新たな課題や仕事に対応するために、今、企業は、即戦力となる「中途採用」を重視する傾向を強めています。また、他社との競争に打ち勝つために、「外国人」「女性」の雇用を促進し、人手不足を補うとともに、彼、彼女らだからこそ保有する知識、スキル、経験をうまく活用しようとしています。

　かつて、日本の職場は、主に「新卒入社」「日本人」「男性」の社員で構成されていました。学校を卒業後、新卒採用されてから退職するまで、ずっと同じ会社で働く人が主流でした。長年、同じ会社に勤務し、こうした同質性の高い同期、先輩、上司に囲まれて濃密な人間関係が築かれていたため、仕事の進め方、社内政治、社内に独特の文化や言葉の使い方などを熟知しやすい環境が揃っていました。そのため、年功序列の順番が回ってきて自分がマネジャーになる頃には、仕事の進め方をすっかり把握できており、マネジャーは名実ともにチームの"リーダー"になることができました。

　つまり、かつてのマネジャーたちは、雇用慣行の観点からも、自分自身が仕事の進め方を「最も」熟知しているなかで、チームをリードすることができる環境にあったわけです。さらに、仕事が終わった後は、同質性の高い職場の仲間たちと飲みニケーションを重ねていたので、多くを語らずとも部下、同期、先輩、上司と、あうんの呼吸でやりとりできる、という好環境まで揃っていました。無理なくチームをリードすることができ、かつ給料も上がるわけですから、マネジャーになって昇進していくことは、多くのビジネスパーソンにとって憧れであり、日々の仕事のモチベーションの源泉でもありました。いつかマネジャーに昇進して「クラウン（トヨタ自動車の当時の最上位車種）」に乗ることが、ビジネスパーソンの"上がり"だったのです。

　一方、現在は、というとどうでしょうか。先述の背景から、現在の職場は、「新卒入社」「日本人」「男性」だけではない多様な人々で構成さ

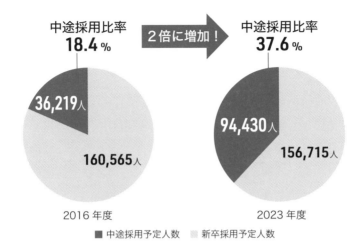

出所：日本経済新聞　電子版（2016/4/25，2023/4/19）をもとに作図

▶ 採用計画に占める中途採用者の比率は、7年前から約2倍に増加。

れるようになっています。

　統計データからもこうした変化は明らかに読み取ることができます。
　まずは「中途採用」について見ていきましょう（**図表序 -5**）。日本経済新聞社では、企業の「2023年度の採用計画に占める中途採用の比率は過去最高の37.6％となり、16年度から7年で2倍に上昇」したと報じています[18]。
　「外国人」の就業者数も増加の一途をたどっています（**図表序 -6**）。2021年時点の「外国人」就業者数は約172.7万人であり、2008年時点（約

18　日本経済新聞　電子版．（2023年4月19日）

図表序-6 外国人就業者数の変化

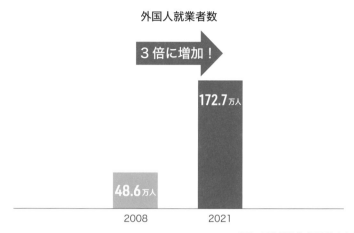

外国人就業者数

３倍に増加！

172.7万人

48.6万人

2008　　　2021

出所：厚生労働省（2022）をもとに作図

▶ 外国人就業者数は、13 年間で３倍以上に増加。

48.6 万人）の３倍以上になっています[19]。

　職場における「女性」比率の上昇も顕著です（**図表序 -7**）。「男性」の就業者数は、2011 年から 2021 年の 10 年間で約１％の増加のみで横ばいの推移であるのに対して、「女性」の就業者数は、同期間で、約12％の増加を見せています[20]。

　「中途採用」「外国人」「女性」など、多様なバックグラウンドを持つ社員が増えたことで、特定の分野では、マネジャーよりも知識、スキル、経験が豊富な人や、マネジャーが全く有していない知識、スキル、経験を持つ人も含まれるようになっています。このように職場の「多様化」も、現代のマネジャーが**仕事の進め方を「常に」「最も」熟知している**

19　厚生労働省.（2022).「外国人雇用状況」の届出状況まとめ（令和３年 10 月末現在).
20　総務省.（2022). 労働力調査.

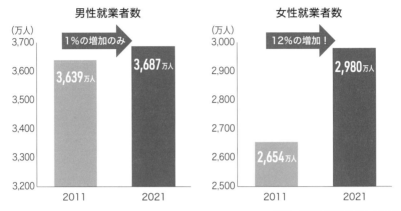

男性就業者数

女性就業者数

出所：総務省（2022）をもとに作図

▶ 10年間での就業者数の増加率は、男性は約1％のみで横ばいだが、女性は約12％も増加。

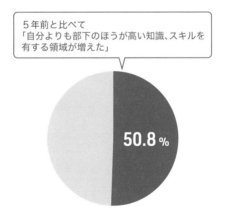

5年前と比べて
「自分よりも部下のほうが高い知識、スキルを有する領域が増えた」

50.8%

(n = 548)

※「とても当てはまる」「やや当てはまる」を合計した割合

出所：堀尾志保・中原淳（2023a）

▶ 日本の課長の約半数が、自分よりも部下のほうが高い知識、スキルを有する領域が増えたと感じている。

なかで**チームを１人で"リード"することができにくい構造を生んでい**
ます。

　職場の人員構成が大きく変化した影響を受けてか、私たちが行った独
自定量調査でも、５年前と比べて、「自分よりも部下のほうが高い知識、
スキルを有する領域が増えた」と回答したマネジャーは、50.8％と半数
以上にも上りました（**図表序 -8**）。

　多様な属性を持つ社員が増えたことで、**今のマネジャーたちは、かつ**
てのマネジャーたちのように、自分があらゆる知識、スキル、経験の面
で「常に」「最も」優れているわけではなく、むしろ場合によっては、
自分より高い知識、スキル、経験を持つメンバーに、様々な課題解決に
取り組んでもらうことが必要になっているのです。これが、メンバーの
リーダーシップの活用が必要になっている３つ目の理由です。

④分散化：バラバラの場所での協働

　4つ目の変化は、**テレワークの普及がもたらした働く場所の「分散化」**
です。

　コロナ禍をきっかけに、テレワークを導入する企業は急速に増加しま
した。その結果、それぞれがバラバラの場所で働きつつ、チームとして
"ともに働く"という新しい協働のカタチが生まれました。「仕事は職場
でするもの」という常識はあっけなく打ち破られ、変わるはずがないと
思われてきた「働く場所」のあり方に革命的な変化が生じました。毎日
通勤して同じ職場に集まって働く以外の選択肢が生まれたことで、仕事
をする場所の垣根がなくなりつつあります。

　この変化にうまく適応し、効率的、効果的にチーム運営をしているマ
ネジャーもいます。一方、対面でのコミュニケーション機会が減少した
ことで、「チームの求心力の低下」という問題を抱えているマネジャー

も少なくありません。チームメンバー全員が会する会議の場で、以前は
マネジャーの話を真剣に聞いていたメンバーたちが、オンライン会議が
増えた今では、画面上で別の仕事をしていたり、上の空で話を聞いてい
るということがあります。さらには、「画面オフ」のままで、メンバー
がそこにいるのかどうかさえもわからない状況で会議が進行するなど、
マネジャーの熱量と反比例するかのようにメンバーの心が離れている、
といった職場もあるようです。

　テレワーク下では、常時メンバーの様子を確認することができないた
め、マネジャー1人の力だけで、多くのメンバーの変化に気づき、メン
バーに刺激を与え、モチベーションを喚起する、ということが、今は、
とても難しくなっています。

　Slack（スラック）や Microsoft Teams（マイクロソフト チームス）
などの IT コミュニケーションツールにより、チーム内、部署内での文
字上のコミュニケーションは以前よりも活発化しています。しかし、そ
の一方で、職場の人の生の声が聞けなくなり、「隣のチーム、隣の部署
の様子や会社全体の様子が全くわからなくなった」「出社を好む人や出
社せざるを得ない人と、在宅勤務を好む人や在宅勤務が適する仕事を担
当する人との間に分断が生じてしまっている」といった問題点もよく聞

　かれるようになりました。テレワークの普及は、働く場所の垣根をなくし、便利さを向上させた一方で、人々の間に新たな分断を生んでいます。

　では、オフィスに一堂に会する働き方に戻せばよいのかというと、ことはそう単純ではありません。**現在、テレワークをしている雇用者のうち、82.6％は、テレワークでの働き方に満足しており、勤務先でのテレワークが制限もしくは廃止された場合は、「退職、転職を検討する（退職、転職した）」と回答した割合はテレワークをしている人の16.4％に上る**という調査結果もあります[21]。これから人手不足が加速度的に進行していくなか、テレワークの制限や廃止により、現在、そして、将来の優秀な社員を失う可能性を高めるのは、かなりリスキーな選択です。

　世の中にテレワークが当たり前のように普及した今、これを効果的に維持していくためには、職場では、これまで以上に、メンバーに刺激、モチベーションを喚起する働きかけが必要です。そして、在宅勤務者とオフィス勤務者の間、自チームと他チームの間をつなぐための働きかけも求められるようになっています。しかし、「分散化」した職場で、こうした働きかけの全てをマネジャーが1人で担っていくことには限界が

21　日本生産性本部.（2023）.テレワークに関する意識調査.

あります。それぞれのメンバーが、自らの判断で、自身の強みを活かしながら、周囲に必要な働きかけを行う必要があります。このように**職場の「分散化」は、求められるリーダーシップの「総量」を増加させています。マネジャー1人のリーダーシップでの対応だけでは、十分ではありません。これが、シェアド・リーダーシップな全員活躍チームをつくる必要性が高まっている4つ目の理由です。**

⑤多忙化：給与は増えぬが兼務は増える

5つ目の変化は、**深刻化しているマネジャーの「多忙化」**です。

マネジャーが多忙なのは、今にはじまったことではありません。著者の中原が2012年、東京大学在籍時代に517名のマネジャーを対象に行った共同調査[22]では、当時、プレイヤーとマネジャーの役割を二重で抱えているマネジャーは97.3%に上り、純粋にマネジャーとしての仕事だけに徹している人はわずか2.7%でした。

しかし、**今は、プレイヤーとマネジャーとの兼務にとどまらず、プレイヤー業務に加えて、2つ、ひどい場合は、3つの異なるチームや部署のマネジャー職を兼任しなければならない**といった状況も増えています。悲しいことに、それも給与は増えぬまま…。つまり、現在は、これまで以上にマネジャーの「多忙化」が深刻になっているのです。

背景には、「少数化」の箇所で確認した、我が国における長期的なトレンドとしての労働人口の減少の問題もあります。また、ちょうど今は、バブル時代に入社した世代が、定年や役職定年の時期を迎えていることもあります。日本が、バブル景気に沸いた1986年から1991年頃は、多

---

22 東京大学中原研究室・日本生産性本部. (2012). マネジメントへの移行と熟達に関する共同調査.

くの企業でたくさんの社員が採用されました。そのバブル入社世代が、2024年現在は、ちょうど55歳から60歳頃にあたり、役職定年や定年の年齢に差し掛かっています。役職定年や定年を迎える人たちの次の世代が、同じ数だけ会社に在籍していればよいのですが、バブル崩壊後の1993年から2005年頃は日本の景気が一気に冷え込み、企業は採用数を大きく絞りました。そして、「就職氷河期」と呼ばれる時代が続きました。

　その結果、バブル時代に入社した大勢の社員たちが担っていたマネジャー業務を、就職氷河期に入社した少数のマネジャーが、今、担わなければならない、という現象が起きています。以前は、2人、3人で担っていたマネジャー業務を、1人のマネジャーで担わなければならないようなことがあちこちで起きています。これに、本書の序章①から④までで見てきたように、課題や仕事の「複雑化」、労働力人口減少による「少数化」、メンバーの「多様化」、働く場所の「分散化」も伴って、これまでにはなかったマネジャーの仕事も様々に増えています。もはや、マネジャーが深刻な「多忙化」に陥っていることに対して異を唱える人はいないでしょう。

　「はじめに」の**図表 0-2** で示したように、私たちの調査結果においても、マネジャーの62.4%、実に約3分の2のマネジャーが、わずか5年前と比べただけでも「負担やストレスが増えた」と回答しています。

　このように、マネジャーの多忙化は深刻化しており、これまで通り、マネジャー1人のリーダーシップだけで、あらゆる課題に対処していくことは、もはや「無理ゲー[23]」に近い状況になっているのです。

　ここまで、マネジャーを取り巻く変化を「複雑化」「少数化」「多様化」「分散化」「多忙化」の5つのキーワードから確認してきました。そして、職場で求められるリーダーシップをマネジャー1人だけが担っていくの

23　難易度があまりにも高く、クリアすることが不可能なゲーム。

は、「質」と「量」の両面においてかなり厳しい状況にあることを見て
きました。マネジャーのリーダーシップの発揮の仕方をシフトし、チー
ムのあり方をシフトさせていく必要性を皆さんにもご納得いただけたで
しょうか。

　次章では、リーダーシップとはそもそも何であるのかを確認し、その
うえで、今、注目を集めている全員活躍チーム、シェアド・リーダーシッ
プというチームのあり方が持つ可能性について深掘りしていきます。

シェアド・リーダーシップとは

序章では、「複雑化」「少数化」「多様化」「分散化」「多忙化」という
マネジャーを取り巻く5大変化により、現代は、マネジャーが1人"だ
け"でリーダーシップを発揮してチームを率いていく進め方が難しく
なっていることを確認してきました。

　ところで、そもそもリーダーシップとは、いったい何なのでしょうか。
本章では、**「リーダーシップとは何か」**を改めて確認したうえで、近年
着目されている「シェアド・リーダーシップ（shared leadership：共有
されたリーダーシップ）」について説明していきます。
　既述したとおり、**シェアド・リーダーシップとは、「一人ひとりがリー
ダーシップを発揮し、その影響力が、複数のチームメンバーによって担
われている創発的なチームの状態」を指します**[24]。本章では、以下の点を
研究データの裏付けとともに紹介していきます。

> （1）シェアド・リーダーシップなチームとは、いったいどんなチー
> 　　ムなのか
> （2）シェアド・リーダーシップなチームづくりを行うことには、
> 　　どのようなメリットがあるのか
> （3）シェアド・リーダーシップは、どのような職場に向いている
> 　　のか

---

24 堀尾志保・中原淳．（2022）．共有型リーダーシップ研究の動向と展望―先行要因・モデレータ要因
　研究に着目して．産業・組織心理学研究, 36, 29-52.
　この論文での定義を一般の読者の方々にもわかりやすい表現に一部修正しています。

「リーダーシップ」とは何か？

　まずは、リーダーシップとはそもそも何なのかを確認しておきましょう。皆さんは、「リーダーシップ」というキーワードから、どのようなイメージを想起されるでしょうか。

　図表1-1は、著者の中原が教鞭をとる立教大学経営学部に2018年に入学した新入生に尋ねたリーダーシップのイメージです[25]。大学生にとって、リーダーシップとは「周りをひっぱる」「カリスマ性」「まとめる」「役職・キャプテン・学級委員」などのイメージが強いことがわか

図表1-1 リーダーシップのイメージ

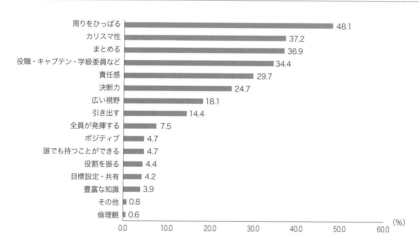

出所：田中・中原（2018）をもとに修正作図

▶ リーダーシップは、「周りをひっぱる」「カリスマ性」「まとめる」「役職・キャプテン・学級委員」というイメージが持たれやすい。

25　田中聡・中原淳.（2018）. 学部内IR（Institutional Research）新入生調査2018. 立教大学経営学部BLPデータアナリティクスラボ（公益財団法人電通育英会寄付研究プロジェクト）.

ります。ビジネスパーソンの方々にリーダーシップのイメージをお聞き
しても、「統率力」「指揮・指導力」「カリスマ性」「役職者」などのキー
ワードが多く聞かれます。

　実はリーダーシップの定義は、研究者の数だけあるといわれており[26]、
研究者によってリーダーシップの捉え方は様々に異なっています。書店
に並んでいる著名な経営者らによるリーダーシップ論も、語られている
内容は実に様々です。
　しかし、多くのリーダーシップの研究者が示してきた定義には共通点
もあります。それは、次の4つの要素を含んでいることです[27]。

要素① 集団

要素② 共通の目標

要素③ 影響力

要素④ プロセス

　各要素について、詳しく見ていきましょう。まず、人が1人で活動し
ているときには、リーダーシップを発揮する相手が存在しないため、そ
もそもリーダーシップは生じません。そのため、**リーダーシップは少な
くとも2人以上の集団において生じるもの**といえます**（要素①）**。
　では、どのような集団にもリーダーシップが生じるのかといえば、そ
うともいえません。人が集団で活動していたとしても、それぞれの人が
全く異なる何の関わりもない活動をしている場合は相互に関係を持つ必
要はなく、そうした場面ではリーダーシップは生じません。例えば、電

26　Stogdill, R. M. (1974). Handbook of leadership: A survey of theory and research. New York: Free Press.

27　Northouse, P. G. (2021). Leadership: Theory and practice 9th edition, Thousand Oaks: Sage Publications.

車のなかでたまたま同じ空間に居合わせている人々の間には共通の目標というものは存在しません。そのため、通常は電車内に居合わせた人々の集団内でリーダーシップが発揮されることは、ありません。しかし、緊急時などに、「全員が安全に車内から退避できるようにする」といった共通の目標ができたときには、率先して声かけをする人が出てくるなど、リーダーシップが生じることがあります。このように、集団で目指す**共通の目標が存在する**ところでは、リーダーシップが重要な意味を持つようになります**（要素②）**。

　さらに、共通の目標がある集団では、その実現に向けて「役割分担をしてやってみよう」「この方法でやってみよう」など、集団内の**他者に影響力を発揮する（要素③）**人が出てきます。そして、共通の目標を持つ集団では、通常は、何度も話し合いや情報交換をするなど、互いに影響力を発揮し合いながら活動を進めていくことになるため、一度きりの影響力ではなく、影響力が**「プロセス」として続く**というわけです**（要素④）**。

　これをまとめると、**リーダーシップとは、「集団の共通目標の達成に向けて発揮される影響力のプロセス」**という定義が得られます。

　「集団の共通目標の達成に向けて発揮される影響力のプロセス」といっても、まだイメージが湧きにくいかもしれません。著者の中原は、以前にヤフー社のリーダーシップ開発の研修企画に携わったことがあります。当時、ヤフーの会長をされていた宮坂学氏[28]は、同社の次世代リーダー研修において、リーダーシップを「山登り」に例えて説明されていました。「リーダーシップとは何か」をとてもわかりやすく説明されていたので、宮坂氏の慧眼に敬意を表し、その概要を、ここで紹介したいと思います。

28　2019年からは、東京都のデジタルシフトを進めるために東京都副知事に就任。

今、もし仮に、皆さんが気の置けない**「仲間」**4人〜5人のグループ**(要素①)**で「山登り」に出かけたいのだとすると、皆さんは、まず何からはじめるでしょうか。

　おそらく多くの方がまず口にするのは「どの程度の高さの、どの山に登るのか」についてです。つまり**「登る山の高さ」**を決めることです。これが共通の目標を決めることです**(要素②)**。

　そのうえで、皆さんは、次に何をするでしょうか。次に皆さんが行うことは、皆さん自身が話し合い、どのコースで登るのか、何時間かけて登るのか、必要な物をどう準備するか、どう役割分担をするか、といったプランニングをするでしょう。そして登りはじめたら、何メートルまで進んだのか進捗を確認しながら、その後のペース配分をしたり、遅れている人には声かけや励ましをしたりしながら、全員が無事に登れるように**「働きかけ」**るのではないでしょうか**(要素③)**。こうしたやりとりは全て他者に対してお互いに影響力を発揮し合う**「プロセス」**です**(要素④)**。

　宮坂氏は、山登りの比喩を用いながら、リーダーシップの要諦をこのように説明していました（リーダーシップの要素①〜④の括弧書きは、著者が加えたものです）。**集団の共通目標を定め、目標の達成に向けて他者に影響力を発揮し合うこうした一連のプロセスこそが、リーダーシップという現象**だというわけです。何となくリーダーシップの本質的な要素についてのイメージをつかんでいただけたでしょうか。

「誰が」リーダーシップを発揮するのか

　このようにリーダーシップを捉えると、リーダーシップとは、役職に就く1人の人物"だけ"が発揮するものとは限らない、ということが見えてきます。先ほどの「山登り」の比喩で語るのであれば、**何も、リー**

①仲間で

②登る山の高さを
　決めて

③目標の達成に向けて
　お互いに働きかけ合う

④全てのプロセス

ダー1人が、「登る山の高さ」を決めきり、自ら先頭に立って山に登り、「黙って、わたしについてこい」という必要はないのです。皆で、案や意見を出し合い、ときにはお互いの様子を気にかけながら山登りを達成すればいいのです。

　しかし、これまでは、社会一般にも、リーダーシップ研究の分野でも、リーダーシップといえば、「役職に就く公式なリーダーが1人で発揮するもの」という暗黙の前提がありました。

　こうした暗黙の前提が人々の間に根付いていたことには、ビジネス環境が密接に関連しています。序章の最初で見てきたように、変化が緩やかで、マネジャーが、その職場での仕事の進め方を自身の知識、スキル、経験の蓄積によって、「常に」「最も」熟知する存在でいられたときには、マネジャー1人のリーダーシップだけでも効果的にチームを運営することができました。そのため、敢えてマネジャーなどの役職者以外のメンバーに、リーダーシップの発揮を求める必要性がなかったのです。よって、リーダーシップ研究においても、これまでは、役職者や公式なリー

ダーだけがリーダーシップを発揮するという前提のもとで、調査や実験がなされていました[29]。

しかし、近年は、序章で確認したように、「複雑化」「少数化」「多様化」「分散化」「多忙化」という5大変化が同時に生じており、マネジャーが、職場での課題や仕事を「常に」「最も」熟知する、ということが難しくなっています。また、職場で必要なリーダーシップを「質」「量」の両面において、マネジャー1人で満たすことがかなり厳しくなっています。

こうした状況にもかかわらず、マネジャー1人だけのリーダーシップに頼っている仕事の進め方のままでは、**諸々の対応が遅れるだけでなく、誤った方向にチーム全体で進んでいってしまうリスクさえあります。**

そのため、より効果的にチーム活動を進めていくためには、役職の有無にかかわらず、**全員が強みを活かしてリーダーシップを発揮していくことが、これからの時代の成果創出や強いチームづくりにおいては必須になりつつあります。**

皆さんの職場でも、公式な組織の枠組みでの仕事とは別に、部門横断型や公募形式でプロジェクト・チームなどが編成されることがあるかと思います。こうしたプロジェクト・チームでは、階層の違いはあまり意識されず、各分野で強みを持つメンバーがそれぞれの分野でリーダーシップを発揮している、という状態がすでに実現していることもあるのではないでしょうか[30]。

---

29 Kozlowski, S. W. J., & Bell, B. S. (2003). Work groups and teams in organizations. In W. C. Borman & D. R. Ilgen (Eds.), Handbook of psychology: Industrial and organizational psychology, vol. 12 (pp. 333-375). New York: Wiley.

30 最近では、IT 企業などで、管理職を一切置かない会社も出てきました。例えば、ソフトウェア開発等を手掛けるソニックガーデンという会社では、管理職は置かず、社長のほかは全社員の権限が同じで、全ての情報に全社員が同じようにアクセスでき、同じ目標に向かって各メンバーがリーダーシップを発揮できるようになっています。

　職場で求められるリーダーシップの「質」「量」がともに高まっていることから、現在は、役職に就いていなくても優れたリーダーシップを発揮している人たちについての研究も進みつつあります[31]。例えば、著者の堀尾は、ヤマト運輸、クレディセゾン、博報堂等、日本の大手企業10社からの協力を得て、公式な役職に就いていない立場で、優れたリーダーシップを発揮して活躍している人材のインタビュー調査をかつて行いました。この調査では、役職に就いていなくても優れたリーダーシップを発揮している人材には、大きくは、**図表1-2**の4つの特徴があることが明らかになりました[32]。

　非役職者の立場で優れたリーダーシップを発揮していた人材は、「**1. 理想表現**」の欄にあるように、「職場のありたい状態」や「仕事のポリシー」を明確に描いているという特徴がありました。自分の置かれている環境、仕事で何を大事にするか、といったことを漫然と受け身で捉えるのではなく、自分の周囲、自分の仕事で、何がどうなることが多くの人にとって理想といえるのかを、自分の言葉や行動で日頃から意識的に表出させていたのです。そして、その理想の状態を実現させるために、「**2. 課題探究**」にあるように、周囲の人々との「対話によって課題を掘り下げ」「アイデアを早く小さく試し」て、解決策を磨き続けているという行動が見られました。周囲の人々と対話や協働を重ねていくためには、「**3. 信頼構築**」も重要です。日頃から「実力・実績を築き」「コミュニケーションや他者支援」を重ねることも欠かさず行っているという特徴も見えてきました。さらに、「**4. 連携開拓**」にあるように、自分1人で事を成そうとするのではなく、「自分と他者の強みを知り」、「連携のための働きかけ」を積極的に行っていることもわかりました。他者との連携にあ

31　役職に就いていない人のリーダーシップを紹介している文献には、以下などがあります。
　　▶日向野幹也. (2015). 新しいリーダーシップ教育とディープ・アクティブラーニング（松下佳代・京都大学高等教育研究開発推進センター編）. ディープ・アクティブラーニング―大学授業を深化させるために. 勁草書房, pp. 241-260.
32　堀尾志保・舘野泰一 (2020). これからのリーダーシップ. 日本能率協会マネジメントセンター.

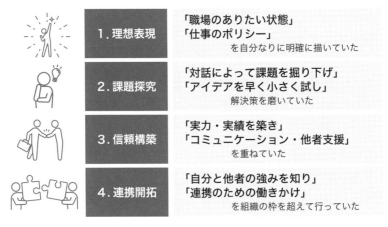

	1. 理想表現	「職場のありたい状態」 「仕事のポリシー」 を自分なりに明確に描いていた
	2. 課題探究	「対話によって課題を掘り下げ」 「アイデアを早く小さく試し」 解決策を磨いていた
	3. 信頼構築	「実力・実績を築き」 「コミュニケーション・他者支援」 を重ねていた
	4. 連携開拓	「自分と他者の強みを知り」 「連携のための働きかけ」 を組織の枠を超えて行っていた

出所：堀尾志保・舘野泰一（2020）

たっては、相手を身近な人だけに限定せず、チームや組織の枠を超えて連携を模索するという特徴も見られました。

　このように**多くの企業で役職の有無に関係なく優れたリーダーシップを発揮して活躍する人材が実際に増えていることは、リーダーシップが、役職者や公式なリーダーだけのものではなく、組織やチーム全体で発揮できるものであることを物語っている**といえます。

　しかし、役職の有無に関係なくメンバー全員が強みを活かし、リーダーシップを発揮できるようなチームをつくっていくうえでは、逆説的ですが、マネジャーの働きかけが欠かせません。**「チーム全員が強みを活かし、リーダーシップを発揮する」からマネジャーの働きかけが「不要」なのではないのです。**むしろ、シェアド・リーダーシップな全員活躍チームをつくるために、**マネジャーからの「これまでとは異なる働きかけ」が「必要」なのです。**大切なことは、マネジャー自身のメンバーに対する

働きかけ方をシフト（変化）させるということです。本書では、**マネジャーの皆さんの行動のシフトによって、いかにシェアド・リーダーシップな全員活躍チームをつくっていくことができるかを解説します**。これが本書のタイトル「リーダーシップ・シフト」が意味するところです。

　次節では、それに先立ち、シェアド・リーダーシップとは何か、について確認していきます。

シェアド・リーダーシップを理解する

リーダーシップは誰もが発揮できるもの

　本書のテーマであるシェアド・リーダーシップな全員活躍チームとは、多くの先進企業やイノベーティブな企業で実践され、今、注目を集めているチームのあり方です。

　シェアド・リーダーシップは、英語で表記すると shared leadership となります。shared とは、もともと「共有する」「分かち合う」などを意味する英単語です。shared はその受動態ですので、「共有された、分かち合われた」を意味します。つまり、シェアド・リーダーシップとは、リーダーシップが、複数の人たちによって共有され、分かち合われている状態であり、そこでは多くの人々がリーダーシップを発揮します。

　日本では、シェアド・リーダーシップのことを、**「共有リーダーシップ」「共有型リーダーシップ」**と表現することもあります。

　最近は、車や自転車、オフィスなどの「シェアリング・サービス」が普及しています。多くの人で車や自転車、オフィスなどの資源を有効活用できるため、非常に効率的で理にかなったサービスです。同じ発想でリーダーシップを捉えてみたら、どうなるでしょうか？

マネジャーなどの役職者や公式なリーダーだけではなく、リーダーシップを広くシェアすれば、より多くの人がリーダーシップに貢献でき、チームとしてより多くの力を発揮することができます。

　前節で確認したように、リーダーシップとは、「集団の共通目標の達成に向けて発揮される影響力のプロセス」です。**リーダーシップの発揮プロセスには、役職の有無にかかわらず、誰もが関わることができます。**例えば、先程の山登りをするチームでも、登頂を目指す道程では、天候の違いに気づいてメンバーに声をかけたり、進捗の遅れの挽回を呼びかけたり、他のメンバーを励ます声かけをし合ったりと、チームの多くのメンバーがリーダーシップを発揮し合うことができます。

　シェアド・リーダーシップが実現しているチームでは、メンバー全員がそれぞれの専門性やスキルなどの強みを活かしてリーダーシップを発揮し、ときにお互いをカバーし合いながら、1つの目標に向かって進んでいきます。

　　「でも、リーダーシップを複数名で発揮したら、それぞれが勝手なことをやりはじめ、チームが崩壊してしまうのでは？　船頭多くして船山に上る、ということにならないの？」

と、シェアド・リーダーシップの効果について疑問に思う方もいらっしゃるかもしれません。**それぞれが勝手なことをやりはじめ、船頭多くして船山に上る、ということになってしまうのは、リーダーシップを複数名で担うからではなく、目標をしっかりと握り合えていないからです。目標をしっかりと握り合えていれば、複数の人物がリーダーシップを発揮することは、チームに効果的に働きます。**実際、世の中にあるチームをよく目を凝らして見てみると、たった1人のリーダーだけがリーダーシップを発揮しているチームばかりではないことに気づきます。

　公式なリーダーとしてのポジションが与えられているわけではないものの、各メンバーが自身の専門性やスキルなどの強みを活かし、必要に応じてリーダーシップを発揮するメンバーが入れ替わるなど、実質的にはリーダーシップが複数名によって担われていながら、まとまっているチームというのは少なからず存在しています。

　皆さんも、かつて所属した様々なチームにいた**「リーダーと呼ばれないリーダー」**のことを思い浮かべることができるのではないでしょうか。公式なリーダーをさりげなく支える参謀役、メンバーを細やかに気遣う世話役、チームを和ませつつモチベーションを高めてくれるムードメーカー…など、「あの人が、この側面で音頭をとってくれたから、チームがまとまった」「あの人が場を和ませる働きかけをしてくれたから、目標を達成できた」と思われているような人たちも、「リーダーと呼ばれないリーダー」としてリーダーシップを発揮していたことと思います。なかには、ご自身が、マネジャーになる以前に「リーダーと呼ばれないリーダー」としてリーダーシップを発揮した経験をお持ちの方もいらっしゃることでしょう。
　また、**「リーダー不在でも機能した」**チーム経験をお持ちの方もいらっしゃるかもしれません。公式のリーダーが決められていなかったり、公式のリーダーが何らかの理由で、途中でチームを離れざるを得なかったりしたときに、チームメンバー全員がそれぞれの強みを活かしてリーダーシップを発揮し、お互いを補い合い、良い影響を及ぼし合うことで、しっかりと目標を達成させてしまうようなことは、決して珍しいことではありません。

　このように、**リーダーシップというものは必ずしもチーム内でマネジャーやリーダー1人しか発揮できないもの、ではなく、時と場合に応じてチーム内の誰もが発揮することができるものであり、チーム内で**

シェアすることができるものなのです。

シェアド・リーダーシップの５つの特徴

　少しずつ、シェアド・リーダーシップが実現しているチームのイメージが持ててきたでしょうか？　ここでは、シェアド・リーダーシップへの理解をさらに深めるために、シェアド・リーダーシップの特徴について確認していきたいと思います。シェアド・リーダーシップについては、様々な研究者が、それぞれ独自の表現で定義を行っていますが、主要な定義に共通するポイントから、その特徴を整理すると**図表1-3**のように整理することができます[33]。

　先にも確認したように、これまで「リーダーシップ」というと、**図表1-3**の左側に記したように、**「１人の公式リーダー」**が発揮するものという暗黙の前提がありました。また、「１人の公式リーダー」が発揮するものと見なされてきたため、発揮主体の単位は**「個人」**であり、リーダーシップはその個人から**「集中」**して発揮されるものと見なされていました。また、マネジャーなどの役職者からメンバーに対して発揮されることが前提とされているため、発揮される方向は**「垂直方向」**、つまりタテ方向に上から下へ発揮されるものでした。マネジャーやリーダーの立場にある１人の個人が意図を持って発揮するため、そのリーダーシップの影響の結果は**「予定調和的」**なものになります。

　これに対して、シェアド・リーダーシップとは、**「複数のチームメンバー」**がリーダーシップを発揮している状態を指します。複数のチームメンバーがリーダーシップを発揮するため、発揮主体の単位は個人ではなく**「チーム」**になります。また、リーダーシップが**「散在」**し、チー

---

33 堀尾志保．（2024）．共有型リーダーシップ促進に向けた垂直的リーダーの行動に関する研究．立教大学大学院経営学研究科博士論文．

図表 1-3 シェアド・リーダーシップの5つの特徴

	これまでの リーダーシップの前提	シェアド・リーダーシップ の特徴	
発揮する人	1人の公式リーダー	**複数のチームメンバー**	特徴1
単位	個人	**チーム**	特徴2
分布	集中	**散在**	特徴3
方向	垂直方向	**水平方向**	特徴4
影響の結果	予定調和的	**創発的**	特徴5

出所：堀尾（2024）を一部修正

ムのあちこちで見られるようになります。チームメンバー間は、タテの関係ではなく、ヨコの関係にあるため、**「水平方向」**に互いのリーダーシップが発揮されます。複数のチームメンバーがリーダーシップを発揮すると、その影響は予定調和的なものだけでなく、**「創発的」**な影響も生じます。ここでの創発的とは、メンバーAさんがメンバーBさんに発揮したリーダーシップの影響が、Bさんだけでなく、他のメンバーやチーム全体にも様々な形で及ぶことを指します。

　こうした特徴を踏まえ、**本書では、シェアド・リーダーシップを「一人ひとりがリーダーシップを発揮し、その影響力が、複数のチームメンバーによって担われている創発的なチームの状態」と定義します**[34]。リー

---

34 堀尾志保・中原淳．（2022）．共有型リーダーシップ研究の動向と展望―先行要因・モデレータ要因研究に着目して．産業・組織心理学研究，36, 29-52.
　この論文での定義を一般の読者の方々にもわかりやすい表現に一部修正しています。

ダーシップとは「公式な役職に就く一部の人」によるものを指すのではなく「チームの状態」である、としていることに注意してください。

では、シェアド・リーダーシップが実現しているチームでは、マネジャーによるメンバーへの働きかけ（リーダーシップ）は不要でしょうか。いいえ、全くそうではありません。ここまでにも述べてきたように、そして第2章以降で詳述するように、**シェアド・リーダーシップなチームをつくるうえで、マネジャーからの働きかけは、とても重要な役割を果たします。マネジャーは、チームやメンバーへの働きかけ方をシフトし、変える必要があるのです**。この点については、後ほど、また詳しく解説します。

先進企業で重視されるシェアド・リーダーシップ

今、シェアド・リーダーシップな全員活躍チームというあり方が、多くの先進企業で重視されるようになってきています。Google社もそうした企業の1つです。検索エンジンやGoogle Map、Google Pixelなど、イノベーティブな商品・サービスを次々に生み出す企業として名高いGoogleは、高い業績を上げ、急成長を遂げてきました。そのGoogleは、実は創業時から全員のリーダーシップ発揮を重視してきた企業でもあります。取締役などへのインタビューに基づき、同社の特徴をまとめたあるレポートによると、**Googleでは、イノベーションを促進するのは社員個々人のリーダーシップである、と考えており、採用面接時には応募者に必ずリーダーシップについての質問が投げかけられる**といいます[35]。

また、同社の経営の秘訣を探った別のレポートでは、Googleの元CEOエリック・シュミット氏が、従業員一人ひとりが仕事のオーナー

35 Strategic Direction. (2013). Google grows on people: Bottom-up leadership and minimalist management inspire innovation. Strategic Direction, 29, 16–18.

エリック・シュミット氏

という感覚を持てるよう、**階層をなるべくなくし、社員の自主的なリーダーシップを非常に重視**していたことが記されています[36]。

　なぜ、Google ではこのような社風が生まれたのでしょうか。このレポートには、Google が社員のリーダーシップを重視するようになった経緯も記されています。

　もともと Google は、スタンフォード大学で出会ったラリー・ペイジ氏とセルゲイ・ブリン氏の２人によって創業されました。その後、会社の規模が大きくなるに伴い、経営のプロフェッショナルであるエリック・シュミット氏を迎えました。そこから、ペイジ氏は商品・サービスの開発、ブリン氏は技術開発と広告、シュミット氏は経営を担当するという３者のリーダーシップによる経営体制が築かれました。シュミット氏は、実は経営者としては控えめな方であり、当時は投資会社などからGoogle の成功を危ぶまれる声もあったといいます。しかし、結果的には、シュミット氏、ペイジ氏、ブリン氏の３者でのいわばシェアド・リーダー

36　Manimala, M. J., & Wasdani, K. P.（2013）. Distributed leadership at Google: Lessons from the billion-dollar brand. Ivey Business Journal（online）, May/June.
　このレポートでは、Google でのリーダーシップを分散型リーダーシップ（distributed leadership）として説明しています。このレポートでは、分散型リーダーシップとシェアド・リーダーシップをほぼ同じ意味で用いているため、本書では、シェアド・リーダーシップの例として Google の事例を扱っています。

エリック・シュミット氏
経営

セルゲイ・ブリン氏
技術開発・広告

ラリー・ペイジ氏
商品・サービス開発

シップが発揮されたことによって、会社は大きく成長しました。このような経緯もあり、Google では、社員一人ひとりがリーダーシップを発揮し、強みや才能を活かすことが大事にされているということです。

Google では、社員一人ひとりのリーダーシップ発揮を重視していますが、その前提として上位層のリーダーシップももちろん重視しています。社員一人ひとりがリーダーシップを発揮できるようになるためには、そのための環境づくりなどの側面で上位層がリーダーシップを発揮する必要があるからです。

例えば、各自が持てる力を最大限に発揮し、各領域でリーダーシップを発揮してイノベーションが促進される会社の環境をつくることは、主に上位層がリーダーシップを発揮すべき領域といえます。実際、Google は、社員が楽しく挑戦し、才能をあますところなく発揮できるような環境づくりを大事にしている企業としてもよく取り上げられています。

　社員全員のリーダーシップ発揮を重視している企業は Google だけで
はありません。ゼネラル・エレクトリックや、Amazon でも、最近で
は社員への行動原則や株主向け資料を通じて、社員全員のリーダーシッ
プを重視していることが大きくうたわれています。日本においても、
ファーストリテイリングやパナソニックなどの企業においては、「全員
経営」というキーワードが掲げられており、メンバー間で、また、部下
から上司に対しても主体的な働きかけを行い、企業運営をしていく方針
が示されています。

　このように、国内外の多くの企業で社員一人ひとりのリーダーシップ
発揮が重視されるようになったことから、**シェアド・リーダーシップの
研究は、近年著しく増加しています。**図表 1-4 は、シェアド・リーダー
シップをタイトルに掲げた研究数の推移を示したものです。シェアド・

図表 1-4 シェアド・リーダーシップをタイトルに掲げた研究数の推移

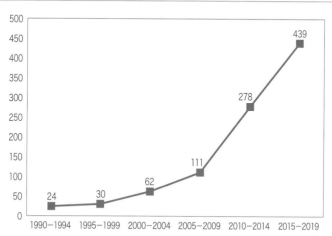

出所：堀尾・中原（2022）を一部修正

▶シェアド・リーダーシップの研究は、2000 年代以降、倍々のペースで増加
　している。

リーダーシップを扱った研究は、2000 年代から倍々のペースで増加していることがわかります[37]。

コラム スポーツの世界でも変わってきた リーダーシップのアプローチ

　スポーツの世界でも、望ましいリーダーシップの考え方が徐々に変わってきています。これまで、スポーツの世界は、「監督、コーチ、先輩の言うことは絶対」、という上意下達的な文化がありました。日本の中学、高校、大学での部活動などでは、少し前までは特にこうした文化が強かったといえるでしょう。しかし、最近では、スポーツの世界でのリーダーシップのあり方にも新しい流れが生まれています。

　例えば、いまや箱根駅伝で優勝常連校となった青山学院大学の陸上競技部の運営スタイルも新たなリーダーシップの流れを感じさせるものです。

　原晋監督率いる青山学院大学陸上競技部は、2009 年に、実に 33 年振りに箱根駅伝への出場を果たしました。そして、2015 年には箱根駅伝での初優勝を成し遂げました。快進撃はその後も続き、2015 年から 2018 年まで 4 連覇で優勝。2024 年には大会新記録（当時）を更新し、7 度目の優勝を飾りました。

　原監督は、著書『フツーの会社員だった僕が、青山学院大学を箱根駅伝優勝に導いた 47 の言葉』[38] のなかで、「体育会流の『ハイッ！』といい返事をする人間は伸びない」。それよりも自分で考えて、自

---

37 堀尾志保・中原淳.（2022）. 共有型リーダーシップ研究の動向と展望ー先行要因・モデレータ要因研究に着目して. 産業・組織心理学研究, 36, 29-52.
　　図表 1-4 は、Google Scholar（Google 社が提供する学術論文の検索サービス）を用いて、「shared leadership」のフレーズをタイトルに含む海外文献の数を各年代区分別に検索した結果です。
38 原晋.（2015）. フツーの会社員だった僕が、青山学院大学を箱根駅伝優勝に導いた 47 の言葉. アスコム.

らチームのために「『監督はそうおっしゃいますが、来週のことを考えるとこちらの練習のほうがいいと思います』と意見するくらい、少しやんちゃな性格のほうが私はいいと思っています」と語っています。原監督は、上意下達とは正反対ともいえる考え方の持ち主といえます。これは、メンバーが好き勝手に振る舞ってよいということではなく、与えられた条件、状況のなかで、自ら考えて発想し、周囲に伝えて、動く力、つまり各々がリーダーシップを発揮するということにほかなりません。

　原監督は、「上が決めたことだから…という言葉は、聞きたくありません。決められたことは、必ずしも正しいとは限らないからです。唯々諾々と従うのではなく、自分の知恵を振り絞り、最適解を探す努力を続けていく。」「こうした思考を続けていくと、考え始めることから行動に移るまでのスピードが一気に上がります。すると、アイデアがどんどん生まれ、組織の改革スピードが上がっていき、より良い組織になる可能性が高くなります。」とも語っています[39]。メンバー一人ひとりの改革発想やリーダーシップを促すことで、個々人を成長させ、組織の成長を図ったのです。

　青山学院大学の選手たちが、箱根駅伝で生き生きと活躍し、結果を出してきた姿をテレビ中継で目にした人も多いかと思います。原監督が行った改革はまさに一人ひとりのメンバーがリーダーシップを発揮できるような、シェアド・リーダーシップな全員活躍チームづくりの例といえるでしょう。

39　原晋.（2020）. 改革する思考. KADOKAWA.

シェアド・リーダーシップのメリット

　ここまで、なぜ、シェアド・リーダーシップな全員活躍チームをつくることが、今、着目されるようになっているか、そして、シェアド・リーダーシップなチームとは、どのようなチームかについて確認してきました。では、マネジャーの行動をシフトし、チームをシェアド・リーダーシップな状態へとシフトすると、実際には、どのようなメリットがあるのでしょうか。

　近年は、シェアド・リーダーシップがもたらす効果を実証する研究が様々に報告されています。ここでは、その主なものを紹介していきます。
結論から言いますと、シェアド・リーダーシップは、①業績、②イノベーション、③メンバーの満足度、④メンバーのリーダーに対する評価など、様々な事柄とプラスの関係があることがわかっています。さらに、シェアド・リーダーシップなチームづくりを行うことで、**⑤テレワークによる求**

図表 1-5 シェアド・リーダーシップによる様々なメリット

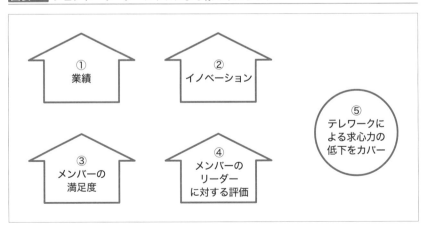

心力の低下をカバーできる効果も期待できます。以下、順にご紹介します。

①「業績」を向上させる！

　シェアド・リーダーシップな全員活躍チームは「業績」が高くなることが、これまで様々な研究で明らかにされています。例えば、米国で最も急成長しているベンチャー企業500社にランク入りしている企業などにおけるチームを対象に行われた調査結果も、その1つです[40]。

　ベンチャー企業というと、経営トップが、ビジョンの設定や浸透、業務の進め方などを、強いリーダーシップを発揮して1人でグイグイと牽引していくイメージがないでしょうか。しかし、この調査では、ベンチャー企業のマネジメントチーム内で**メンバー間のシェアド・リーダーシップの水準が高い企業ほど、企業としての成長指標で良い成果をもたらしていることが実証**されています。ここでの企業としての成長指標には、売上、雇用者数の増加率などの客観的な指標が用いられています。何より注目すべきことは、**上位層から下位層へのタテ方向のリーダーシップよりも、チームメンバー間でのシェアド・リーダーシップのほうが企業の成長指標への寄与率が高い**ことが示された、ということです。図表1-6をみると、**タテ方向のリーダーシップよりもヨコ方向のシェアド・リーダーシップのほうが、企業の成長指標に大きなインパクトを与えている**ことが客観的な指標からも見て取れます。

　しかし、これは、**タテ方向のリーダーシップが不要であるとか、メンバーに全てを丸投げしていい、ということを指しているのではありません**。その証拠に、タテ方向のリーダーシップとヨコ方向のシェアド・リーダーシップの両方が加わった寄与率は、ヨコ方向のシェアド・リーダー

40　Ensley, M. D., Hmieleski, K. M., & Pearce, C. L. (2006). The importance of vertical and shared leadership within new venture top management teams: Implications for the performance of startups. The Leadership Quarterly, 17, 217-231.

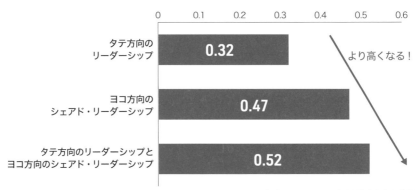

図表 1-6 企業の成長指標への各リーダーシップの寄与率

出所：Ensley et al.（2006）をもとに作図

▶ タテ方向のリーダーシップ以上にヨコ方向のシェアド・リーダーシップは、企業の成長指標への寄与率が高い。

▶ タテ方向のリーダーシップとヨコ方向のシェアド・リーダーシップの両方が揃うと、企業の成長指標への寄与率は最も高くなる。

【注】
・154社のデータを用いた階層的重回帰分析における寄与率（決定係数）を示しています。
・ここでは、企業の成長指標に影響を及ぼす他の一般的要因（「企業が設立されてからの年数」「従業員数」「チーム人数」など）は、統制変数として扱われており、これらの統制変数を加えた寄与率を示しています。
・寄与率は、0から1の値をとります。ここでは、寄与率が0の場合は、その要因が、企業の成長指標に全く影響を及ぼさないことを意味します。寄与率が1の場合は、その要因によって企業の成長指標の変動の全てを説明できることを意味します。

シップのみの寄与率よりも高く、企業の成長指標の変動をより多く説明できる結果となっています。

　先にも少し触れましたが、マネジャーや経営層などの**公式なリーダーは、シェアド・リーダーシップを促進する環境づくりをするという側面で、自ら組織やチームに働きかけることが必要です。**役職者などの公式なリーダーの丁寧な働きかけなくして、勝手にメンバー一人ひとりがリーダーシップを発揮するようにはならないからです。この点については第2章以降で詳しく解説します。

　なお、このようにシェアド・リーダーシップが業績に良い影響をもたらすことは、ベンチャー企業の研究だけではなく、他の企業でも数多く

実証されています。

　例えば、これまでに様々な企業や組織を対象に行われた調査研究で得られた3,882チーム分のデータを統合した研究でも、シェアド・リーダーシップは業績に良い影響をもたらすことが定量的に明らかにされています[41]。つまり、**シェアド・リーダーシップが実現しているチームでは、「船頭多くして船山に上る」のではなく、むしろ業績が高くなる、ということが科学的にも実証されている**というわけです。

②「イノベーション」にも効く

　シェアド・リーダーシップが実現するチームでは、業績の向上が期待できるだけでなく、昨今の企業に不可欠とされる「イノベーション」にもプラスに働くことが明らかになっています。

　図表 1-7 を見てください。アメリカの2つの企業を対象に行われた調査では、シェアド・リーダーシップの水準の高さは、チームメンバーのイノベーティブ行動に大きく影響を及ぼすことが明らかになりました[42]。ここでの「シェアド・リーダーシップの水準が高い」とは、チームメンバーが、全体として高いレベルのリーダーシップ行動を発揮していることを意味します。タテ方向のリーダーシップもメンバーのイノベーティブ行動に影響を及ぼしていますが、シェアド・リーダーシップのほうがより強い影響を及ぼしています。しかし、再び繰り返しますが、これはタテ方向のリーダーシップが必要ないということを示してはいません。

41　Nicolaides, V. C., LaPort, K. A., Chen, T. R., Tomassetti, A. J., Weis, E. J., Zaccaro, S. J., & Cortina, J. M. (2014). The shared leadership of teams: A meta-analysis of proximal, distal, and moderating relationships. The Leadership Quarterly, 25, 923-942.
　シェアド・リーダーシップと業績との関係の検証には、844チームのデータが使用されています。

42　Hoch, J. E. (2013). Shared leadership and innovation: The role of vertical leadership and employee integrity. Journal of Business and Psychology, 28, 159-174.
　この研究では、2つの企業における製品開発部門、研究開発部門の計43チームを対象に調査が行われました。

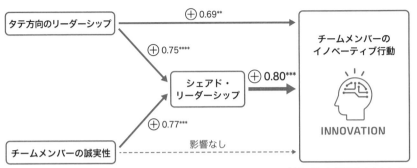

出所：Hoch（2013）をもとに作図

▶ **シェアド・リーダーシップは、チームメンバーのイノベーティブ行動に大きく影響する。**

【注】
・共分散構造分析の結果。
・数値（パス係数）は、－1から1の値をとり、影響の強さを示します。－は負の影響を、＋は正の影響を示します。
・数値の右上の＊は、有意水準を示しており、＊が多いほど、示された影響には統計的に意味がある可能性が高いことを意味します（＊＝10％有意水準。＊＊＝5％有意水準。＊＊＊＝1％有意水準）。＊＊＊＊＝0.1％有意水準。

図表 1-7 を見るとわかるように、タテ方向のリーダーシップは、チームのシェアド・リーダーシップを高めるうえでは重要な影響を及ぼしています。そのため、マネジャーなどの公式リーダーは、チームのシェアド・リーダーシップの水準を高めることによって、結果として、チームのイノベーティブ行動が高まるよう、チームやメンバーに働きかけることが重要であることがわかります。

　その他にも、アメリカの大学の工学部で行われた大規模な調査研究でも、シェアド・リーダーシップなチームのあり方がイノベーションに効果的であることが示されています [43]。この研究では、大学の工学部で 10 週間にわたって行われたプロジェクトにおけるイノベーション水準と

---

43 Ziegert, J. C. & Dust, S. B. (2021). Integrating formal and shared leadership: the moderating influence of role ambiguity on innovation. Journal of Business and Psychology, 36, 969-984.

シェアド・リーダーシップとの関係性が検証されました。この大学では、ペットの自動餌やり器や騒音の公害を防ぐための器具など、工学的技術を使ったイノベーティブなツールをチーム単位で生み出すプロジェクト活動が行われました。合計 120 チームのデータを分析したところ、**シェアド・リーダーシップの水準が高いチームほど、イノベーション水準の高いツールが開発されている**ことがわかりました[44]。

　ではなぜ、シェアド・リーダーシップが実現しているチームでは、メンバーのイノベーティブ行動やチームで生み出されるイノベーション水準が高まるのでしょうか。

　それは、メンバー全員がリーダーシップを発揮するチームでは、メンバーが率先してアイデアを提案したり、意見を述べたりするようになるからです。

　その結果、各メンバーは、互いに良い影響を受け合い、アイデアがさらに豊かなものになっていきます。また、各メンバーがリーダーシップ

44　この調査では、チームの各メンバーが自分以外のメンバー一人ひとりのリーダーシップについて評価した結果の合計値をメンバーのペア総数で割った値を用いて、シェアド・リーダーシップの水準を測定しています。

を発揮し、アイデアや意見を出し合うことで、様々な情報や考え方が共有されるようになり、解決策を考える際にもこれまでになかった斬新なアイデアや進め方が浮かびやすくなります。

③「チームメンバーの満足度」も UP！

　ここまで読まれて「シェアド・リーダーシップなチームは、業績にもイノベーションにもプラスに働くことは、わかった。でも、**メンバー全員にリーダーシップを期待したら、メンバーにとっては負担になるのではないか**」、と思われた方もいるかもしれません。チームメンバーに「皆さん全員がリーダーです」と伝えたら、「自分はリーダーはやりたくない。リーダーシップはマネジャーが発揮するべきで、メンバーにリーダーシップを期待しないでほしい」といった反発があるのではないか…と。「マネジャーなどの管理職は、高い報酬を得ているのだから、あなたがリーダーシップを発揮すればいいでしょう」という怨嗟の声も聞こえてきそうです。

　確かに、メンバーにいきなり仕事を丸投げするようなやり方や、唐突に、「さぁ皆さん、明日からは、我がチームでは全員がリーダーです」と一方的にマネジャーが宣言するような形でシェアド・リーダーシップなチームを実現しようとすると、メンバーからこうした反応を招いてしまうことになります。しかし、第2章以降で解説していくような手順を踏んだうえで、真にシェアド・リーダーシップな全員活躍チームを実現できると、メンバーの満足度はむしろ高くなります。なぜなら、メンバーも自分自身の強みや専門性を用いて、他者に対して働きかけ、チームに貢献できることは、本来はうれしいことだからです。

　実際、シェアド・リーダーシップが実現しているチームのほうが、「チー

ムメンバーの満足度」は高いことがわかっています。イギリスで行われたある実験研究では、同様の仕事に取り組んだ場合であっても、シェアド・リーダーシップの水準が高いチームほど、メンバーの仕事に対する満足度が高いことが明らかにされています[45]。

　チームの活動に、主体的にリーダーシップを発揮して関与できることは、実はメンバー側も望んでいることなのです。メンバーはそれぞれに強みや能力を有しています。また、活動に対する想いもそれぞれに持っています。しかし、活動の目的や目標、進め方などの全てのことをマネジャーなどの公式なリーダーが1人で決定し、メンバーは従うのみだとしたら、メンバーは自分の力を最大限に発揮しようと思うでしょうか。やらされ感が先立ち、言葉には直接出さずとも、最大限どころか最低限のことだけをしようと思うメンバーが出てきても不思議ではありません。

　一方、シェアド・リーダーシップが実現するチームでは、各メンバー

シェアド・リーダーシップはチームの創発を豊かにし、仕事を楽しくする

45 Serban, A., & Roberts, A. J. B. (2016). Exploring antecedents and outcomes of shared leadership in a creative context: A mixed-methods approach. The Leadership Quarterly, 27, 181-199.
　この研究では、カメラのテレビCMを制作する30のプロジェクト・チームを対象に実験調査が行われました。論文内で「タスク（task）」とされている箇所を、本書ではわかりやすさを考慮し「仕事」と表現しています。

がリーダーシップを発揮できる機会があるため、より主体的に責任感を持って、メンバーが活動に参画することが期待できます。また、各自がアイデアを寄せ合うことで、より豊かな成果につながります。そうした主体性や責任感、アイデアの活用こそが、メンバーの満足感につながります。

④「メンバーのリーダーに対する評価」も高まる！

　シェアド・リーダーシップなチームをつくることには、様々なメリットがあることを、ご理解いただけてきたでしょうか？

「でも、メンバーもリーダーシップを発揮するようになったら、自分はリーダーとして無能だと思われてしまうのでは…」

と懸念されたマネジャーの方もいらっしゃるかもしれません。しかし、この懸念、実際は、正反対であることが研究で明らかにされています。興味深いことにそれを明らかにしたのは、タテ社会のイメージが強いスポーツチームを対象とした研究でした[46]。この研究では、サッカー、バレーボール、バスケットボールなどのスポーツチームを対象に調査が行われ、全般として、**シェアド・リーダーシップを促進しているリーダー（コーチ）ほど、チームメンバーから優れたリーダー（コーチ）として認識されている傾向がある**ことが明らかになりました。シェアド・リーダーシップの水準が高いチームは、リーダーがメンバーに適切に権限委譲をしているチームとも言い換えることができます。こうしたリーダー

46　Fransen, K., Mertens, N., Cotterill, S. T., Vande Broek, G., & Boen, F. (2020). From autocracy to empowerment: Teams with shared leadership perceive their coaches to be better leaders. Journal of Applied Sport Psychology, 32, 5-27.
　　この研究では、複数のスポーツの 64 のチーム、合計で約 800 名を対象に調査が行われました。

は、メンバーからの信頼が厚くなるため、メンバーからリーダーへの評価も高いものとなるのです。

　さて、ここで皆さんに質問です。サッカー、バレーボール、バスケットボール、ハンドボールのチームのなかで、シェアド・リーダーシップの水準とチームメンバーのリーダー（コーチ）への評価との間にプラスの関連が最も多く見られたスポーツは、どのスポーツだと思いますか？

　正解は、「サッカー」でした。その理由は、バレーボールやバスケットボールなどに比べて、サッカーは競技するフィールドが広いことにあります。サッカーでは、試合中にリーダー（コーチ）がリーダーシップを発揮できる割合が低く、メンバー個々がリーダーシップを発揮することが特に求められるからだとこの研究では分析されています。この研究では、サッカーのチームにおけるシェアド・リーダーシップの水準とメンバーからリーダー（コーチ）への評価の関連（相関係数）において、最も高いものでは 0.65 もの高いプラスの関連が見られました[47]。

　サッカーの広大に広がる競技フィールド…これは、現在、私たちが相

47　相関係数は、2つの変数の間の関連度の強さを示し、−1から1の値をとります。数値がプラスの場合は、片方の変数が高まるほど、他方の変数が高まる関係にあることを示します。一般に、社会科学の分野では、0.7以上の相関係数が示された場合は2つの変数の間にかなり強い関連があるとみなします。

対しているビジネス環境に喩えることも可能です。**現在は、どの企業も事業領域が広がっており、どこからどこまでが事業範囲かを明確に定義することすら難しくなっています。経営層やマネジャーが、直接近くで目配りをして、メンバーに対してリーダーシップを発揮できる場面ばかりではありません。また、刻々と状況が変わっていくなかでは、メンバーが、経営層やマネジャーの指示を仰いでばかりいては、ゴールをねらえる機を失ってしまいます。**経営層やマネジャーだけで強力なリーダーシップを発揮しようとするよりも、メンバーに権限委譲し、メンバーのリーダーシップを育むほうが高い成果を上げられることは、先にも示した研究結果の通りです。そして、**メンバーに権限委譲し、シェアド・リーダーシップを促進するリーダーのほうが、メンバーからもリーダーとして高く評価されることをここで確認しました。**

　皆さんは、メンバーから一目置かれる存在でありたいからと、自分だけで重要な仕事を囲い込んでしまっていることはないでしょうか。重要な仕事やリーダーシップを自分だけで抱え込んでいると、自身が大変であるだけでなく、メンバーからの皆さんへの評価は逆に下がってしまいかねません。シェアド・リーダーシップなチームづくりを行うことは、「業績」や「イノベーション」、「チームメンバーの満足度」、さらには「メンバーのリーダーに対する評価」にも良い影響を及ぼすということに、ぜひ目を向けましょう。

⑤テレワークによる「求心力低下」をカバー

　シェアド・リーダーシップのメリットは、他にもあります。それは、テレワークによる職場の求心力低下のカバーを期待できることです。序章でも見てきたように、コロナ禍で一気に普及したテレワークは、働く人から働く場所という境界を取り払い、通勤時間の削減や遠隔地に住む人々との柔軟な協業を可能にするなど、多数の利点をもたらしました。

その一方で、チームをまとめる立場にあるマネジャーからは、チームとしての求心力が低下し、チーム運営が難しくなったという声も多く聞かれるようになりました。

　実際、テレワーク下などで、「バーチャリティ（virtuality）：仮想空間での仕事」の度合いが高くなると、マネジャーなどの公式なリーダーによって発揮されるリーダーシップによって業績を生み出す効果は、弱まってしまうことが研究でも明らかになっています[48]。ここでのバーチャリティとは、メンバーの地理的な分散度合い、電子コミュニケーションの使用量、メンバーの文化的背景の多様性を総合した指標を意味します。**図表 1-8** を見てください。これは、グローバルな製造業の企業、複数社を対象として行われた研究の結果です。バーチャリティの度合いが「低い」チームの場合（**図表 1-8** の点線）は、マネジャーなどの公式なリーダーが発揮するリーダーシップの発揮度が「低い」よりも「高い」ほうが、チーム業績が高まることがわかります。しかし、バーチャリティの度合いが「高い」チーム（**図表 1-8** の実線）となると、マネジャーなどの公式なリーダーが発揮するリーダーシップが「低い」場合も、「高い」場合も、業績はあまり高まっていません。つまり、テレワークなどでバーチャリティの度合いが「高い」場合には、公式リーダーによるリーダーシップによって業績を向上させる効果が弱まっていることが見て取れます。

　ところが、チーム全員でリーダーシップを発揮するシェアド・リーダーシップが業績を生み出すプラスの効果は、テレワークなどによるバーチャリティの度合いにかかわらず安定していることがこの研究では明らかにされています。

　これはいったいなぜでしょうか。テレワークなど、職場のメンバーが

---

48 Hoch, J. E., & Kozlowski, S. W. J. (2014). Leading virtual teams: Hierarchical leadership, structural supports, and shared team leadership. Journal of Applied Psychology, 99, 390-403.

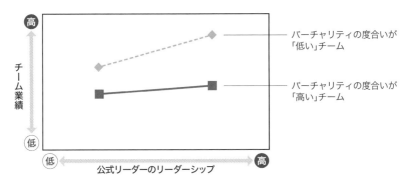

出所：Hoch & Kozlowski（2014）を一部修正

▶ バーチャリティの度合いが「低い」チームでは、公式リーダーのリーダーシップが「高い」と「チーム業績」が高まる。
▶ しかし、バーチャリティの度合いが「高い」チームの場合は、公式リーダーのリーダーシップが「高い」場合も、「チーム業績」は高まらない！

バラバラの場所で働いているようなチームでは、個々のメンバーの仕事ぶりを、マネジャーが常に目の前で確認することができません。ちょっとした声かけをするにも、Slack や Teams などの電子コミュニケーションを介さなければなりません。こうしたツールは、相手の表情が見えないなかでコミュニケーションをとらなければならないため、伝えにくいことが伝えられないままになってしまったり、誤解を招くメッセージを発信しても、その誤解に気づかぬままになってしまったりすることも少なくありません。ちょっとした同じことを伝えるにも、直接会って話すよりも電子コミュニケーションを介することで時間を要することは多々あります。

　そんななか、テレワークの状況下で、職場に集まって仕事をしているのと同量のコミュニケーション量を、どのメンバーに対しても確保することは、マネジャーのコミュニケーションの手間が膨大となってしまい、

あまり現実的ではありません。そのためか、テレワークなどでバーチャリティの度合いが高くなると、マネジャーからメンバーへのタテ方向のリーダーシップが業績を生み出す効果は、悲しいかな弱まってしまうのです。

マネジャーなどの公式なリーダーとメンバーとはタテの関係にあるため、コミュニケーションが形式的になりがちです。テレワーク下では、電子コミュニケーションの使用頻度が増すため、形式的なコミュニケーションがさらに形式的になりやすくなります。その結果、マネジャーがメンバーのモチベーションや能力を高めようと鼓舞する働きかけが届きにくくなります。また、タテの関係にある場合には、関係性が薄い状態から一緒に仕事をするようになったメンバーとは信頼関係がなかなか築きにくいこともあります。

それに比べて、メンバー間のヨコ方向のシェアド・リーダーシップの場合は、フラットな関係のなかでコミュニケーションがなされるため、テレワーク下においても、率直なやりとりを行うことができます。仮に関係性が薄い状態から一緒に仕事をするようになったメンバーであっても、率直なやりとりができれば意思疎通がしやすいため、信頼関係も築きやすい面があります。信頼関係が築かれればチームとしての結束力や仕事へのコミットメントも高まりやすくなります。そのため、シェアド・リーダーシップは、テレワーク下であっても業績に良い影響を及ぼす効果が維持されるとこの研究では分析されています。

また、リーダーシップや働きかけの総量という観点も挙げられます。**図表1-9**を見てください。テレワークになると、マネジャーからメンバーへのタテ方向のリーダーシップしか発揮されないチームでは、マネジャーから特定のメンバーへの働きかけを他のメンバーが把握することができません。対面の職場では、マネジャーから特定のメンバーに対する働きかけであっても、その様子を他のメンバーが見聞きすることがで

対面の職場

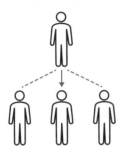

特定の人への働きかけであって
も他の人からも見えやすい

テレワークの職場

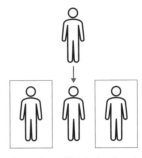

特定の人への働きかけは他の人
から見えにくくなる

きます。そのため、他のメンバーも、その様子を見て刺激を受けて自分の行動に反映させることができます。

　しかし、テレワークになると、こうしたリーダーから個々のメンバーへの働きかけは他のメンバーからは見えなくなってしまいます。そのため、間接的に他のメンバーに及んでいたマネジャーの働きかけの影響が減少してしまうことが考えられます。

図表 1-10 シェアド・リーダーシップが実現するチームでは、リーダーシップの総量が多い

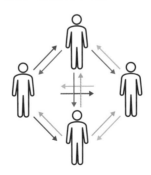

　一方、**図表1-10**のようにチーム全体でリーダーシップが発揮され、シェアド・リーダーシップが実現するチームでは、チームメンバーそれぞれからリーダーシップが相互に発揮されます。そうすると、たとえ特定の人に向けられたリーダーシップがテレワーク下で見えなくなり感じ取れなくなったとしても、リーダーシップの総量自体が多いため、業績の創出に向けたコミュニケーション量や良い影響の総量を維持することができると考えられます。

　こうした点から、シェアド・リーダーシップな全員活躍チームをつくることは、テレワークを取り入れているチームにも、様々なメリットをもたらすことが期待できます。

シェアド・リーダーシップの効果がさらに高まる職場

　シェアド・リーダーシップなチームをつくる様々なメリットを知っていただいたところで、ここからはシェアド・リーダーシップが向いている職場環境について、これまでの研究でわかっていることをお伝えしていきます。

「複雑」で「不確実」な仕事を扱う職場

　序章では、今、多くの職場で、企業間の競争の激化から新事業的な発想や、イノベーティブな発想が求められていることを説明しました。その結果、前例踏襲で対応できる仕事は減り、様々な課題や仕事が「複雑化」していました。新たな解決策や進め方を見いだす必要があり、かつ、取り組んだところで成功するかどうかも「不確実」ななかで進まざるを得ない状況が、今はたくさん生じています。現代のビジネス環境を表す言葉として、VUCA（Volatility 変動性・Uncertainty 不確実性・

Complexity 複雑性・Ambiguity 曖昧性の頭文字を組み合わせた造語）というキーワードが用いられるようになってからも久しく経ちます。世の中は、当たり前に「VUCA」すぎて、もうこの言葉は「死語」になっているのかもしれません。マネジャーが、自分が持つ知識、スキル、経験を頼りに、自分1人でリーダーシップを発揮してチームで成果を上げていくことが、今、とても難しくなっていることは序章で述べた通りです。

このVUCAなビジネス環境。実は、シェアド・リーダーシップなチームとはとても相性が良いことが研究成果としても示されています。**シェアド・リーダーシップの効果は、仕事** [49] **の複雑性や不確実性が増すほど、高まることが研究で明らかにされている**のです。

例えば、「仕事の複雑性」については、ドイツで行われた実験研究の結果、図表 1-11 のような結果が示されています [50]。仕事の複雑性が「低い」

図表 1-11 「業績の質」に対する「仕事の複雑性」と「シェアド・リーダーシップ」の影響

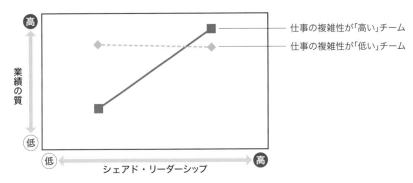

出所：Müller et al.（2018）を一部修正

▶ 複雑な仕事を扱うチームでは、シェアド・リーダーシップの効果が高まる。

---

49 論文では、「タスク(task)」ですが、本文中では、わかりやすさを考慮し「仕事」の表現に統一しています。

50 Müller, E., Pintor, S., & Wegge, J.（2018）. Shared leadership effectiveness: Perceived task complexity as moderator. Team Performance Management, 24, 298–315. この研究では、タスク複雑性をメンバーの認識に基づいて評価しています。この研究では、26 チームを対象とした実験室実験が行われました。

チームの場合（図の点線）は、シェアド・リーダーシップの水準の高低で業績の質にあまり変化はありません。しかし、**仕事の複雑性が「高い」チームの場合（図の実線）は、シェアド・リーダーシップの水準の高低によって、業績の質が大きく変わっています。仕事の複雑性が「高い」チーム（図の実線）では、シェアド・リーダーシップの水準が「高い」場合に、業績の質が大きく高まることが見て取れます。**つまり、仕事の複雑性が高い場合には、シェアド・リーダーシップによって業績の質が大きく高まるのです。

　次に、「仕事の不確実性」については、日本で行われた別の研究で、**図表 1-12** の関係が明らかにされています[51]。この研究では、仕事の不確実性が「低い」チームの場合（図の点線）も、「高い」チームの場合（図

図表 1-12　「チーム業績」に対する「仕事の不確実性」と「シェアド・リーダーシップ」の影響

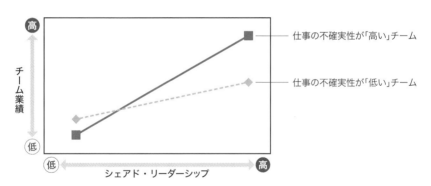

出所：石川（2013）を一部修正

▶ 不確実性の高い仕事を扱うチームでは、「シェアド・リーダーシップ」と「チーム業績」とのプラスの関連はさらに高まる。

51　石川淳.（2013）.　研究開発チームにおけるシェアド・リーダーシップ―チーム・リーダーのリーダーシップ，シェアド・リーダーシップ，チーム業績の関係.　組織科学, 46, 67-82.
　　この研究では、国内の産業用部品メーカー 8 社の 126 の研究開発チームを対象に調査が行われました。タスク不確実性は、チームメンバーにより評価されています。

の実線）もシェアド・リーダーシップの水準が「低い」よりも「高い」ほうが、「チーム業績」が高まっています。しかし、**仕事の不確実性が「高い」チームの場合（図の実線）は、シェアド・リーダーシップの水準が高くなると、より大きくチーム業績が高まることがわかります。**

　これはなぜでしょうか。チームで扱う仕事の方法や手順が明確でルーティン性が高いような仕事の場合には、リーダーシップはそもそもそれほど必要とされません。メンバーそれぞれが、決まった方法と手順で仕事をこなし、時折、計画通りに進んでいるかをマネジャーが確認し、管理すればチームで成果を出すことは難しくないからです。こうした仕事を行うチームであれば、これまでのように、マネジャーなどのリーダー1人がリーダーシップを発揮すれば事足ります。

　一方、複雑性や不確実性の高い仕事を扱う場合は、どのような方向性で、どのように進めるのが最善かをチーム内で常に確認し合い、状況に応じて、知識、スキル、経験を持っている人がリーダーシップを発揮することが求められます。マネジャー1人のリーダーシップだけでは不十分で、様々な強みを持ったメンバーがその時々に必要なリーダーシップを発揮することが重要な意味を持ってきます。だからこそ、扱う仕事の複雑性、不確実性が高いチームほど、シェアド・リーダーシップの効果がさらに高まるのです。

　序章で確認したように、複雑で不確実な仕事を扱う職場は、近年ますます増えています。今後は、より多くのマネジャーが、シェアド・リーダーシップなチームづくりを求められることになるといえるでしょう。

「多様化」が進んでいる職場

　序章では、近年生じている変化として、職場での「多様化」が進んでいることも取り上げました。多様なメンバーで構成される職場も、シェアド・リーダーシップにとても向いている、ということが研究ではわかっ

ています。

　**職場で働く人の「多様化」が進んでいると、シェアド・リーダーシッ
プの業績へのプラスの影響がさらに高まることが明らかになっているの
です**。例えば、アメリカの企業と行政機関を対象に行われた研究では、
**チームメンバーの多様性が高いほど、シェアド・リーダーシップが業績
にプラスに働く効果が高まることが実証されています**[52]。この研究では、
調査対象となったチームを全体としてみてもシェアド・リーダーシップ
は業績にプラスに働くことがわかったのですが、その効果は、チームの
メンバー編成によって少し異なる動きをすることがわかりました。対象
となったチームをメンバーの年齢の多様性が「高い」、つまり、様々な
年齢の人が混在するチームの場合と、メンバーの年齢の多様性が「低い」、
つまり年齢の近い人で構成されるチームとで比べています。すると、**年
齢の多様性が「高い」チームの場合、シェアド・リーダーシップの水準
が業績を高める効果が、より大きくなることが明らかになったのです**。

　職場のメンバーの多様性が増すことは、メンバー間の価値観の違いな
どから、チームに負の影響をもたらすこともあります。しかし、各メン
バーの強みを活かし、主体的なリーダーシップを引き出すことができれ
ば、同質性の高いチームよりも相乗効果が発揮され、業績向上やイノベー
ションの創出が期待できるということです。

　一般に、これは年齢の多様性に限らず、性別、これまでの仕事経験な
ど様々な点においていえることでしょう。なぜなら、メンバーが多様で
あることは、それぞれが経験してきたバックグラウンド、持っている情
報、スキル、得意不得意なども多様であるため、チーム全体としてみれ
ば、「引き出しが増える」、つまり、活用できる知識、スキル、経験を増

---

[52]　Hoch, J. E.（2014）. Shared leadership, diversity, and information sharing in teams. Journal of
　　Managerial Psychology, 29, 541-564.
　　この研究では、企業と行政機関、2つの組織の46チームを対象に調査が行われました。

やすことにつながるからです。

　日本でも、職場メンバーの多様性を、業績向上やイノベーションの創出に活かそうという取り組みは、あちこちで見られるようになってきています。例えば、経済産業省では、「新・ダイバーシティ経営企業100選」として、多様な人材の力を活用し、ダイバーシティ経営を推進している企業の取り組みを複数年にわたって多数紹介しています[53]。経済産業省の検討会では、ダイバーシティの活用により、中長期的に企業価値を生み出し続ける取り組みを「ダイバーシティ2.0」と位置づけていますが、その実践のための7つのアクションの1つには、「従業員の多様性を活かせるマネジャーを育成する」ことも掲げられています。つまり、**従業員の多様性を活かせるよう、マネジャーの意識と行動を変えていくことは、政府としての重要事項でもある**わけです。多くの経営者は、政府の方針を組み入れながら経営活動を推進していくため、多様性を活かすことは、マネジャーにも必然事項として展開されていきます。すでに、そうした要請を会社から受けているマネジャーの方々も少なくないことでしょう。

　多様な人々が集まる職場の運営は、これまでと異なるアプローチを必要とするため、マネジャーにとっては大変な側面もあります。しかし、シェアド・リーダーシップなチームづくりを実現させる方法をうまく取り入れ、多様性をうまく活かすことができれば、それは業績向上やイノベーションの創出の大きな源泉となります。

シェアド・リーダーシップが「向かない」職場はないのか？

　では反対に、シェアド・リーダーシップなチーム運営が「向かない」

---

53 経済産業省.（2021）.　令和2年度 新・ダイバーシティ経営企業100選 ベストプラクティス集.

職場はないのでしょうか。現時点では、シェアド・リーダーシップなチーム運営がプラスに働く研究の蓄積がほとんどであり、シェアド・リーダーシップがマイナスに働くことについては、実はまだ十分に明らかになっていません。

》 営業チームでもシェアド・リーダーシップは有効？

　シェアド・リーダーシップについてお話をさせていただくと、「シェアド・リーダーシップは、営業部門でも有用でしょうか？」という質問をいただくことがあります。シェアド・リーダーシップは、複雑性や不確実性の高い仕事では効果的かもしれないけれども、予め売上や利益などの目標数字が明確に決められている営業部門では、達成度の管理をマネジャーが行えばよく、そこにシェアド・リーダーシップは必要ないのではないか、というのが質問の趣旨です。

　確かに、営業部門では、数値目標は明確になっていることが多いかと思います。ですが、今は、どのような方法で営業活動を行い、目標を達成するのかについては、必ずしも明確になっていない場合もあるのではないでしょうか。

　顧客のニーズが多様化するなか、営業活動も対面だけでなくオンラインなどで行うようになっています。また、SNSなど多様なメディアを用いたプロモーションを仕掛けていくことも求められます。そうした場合、従来の対面営業が得意な人が、必ずしもSNSでのプロモーションにも長けているわけではありません。このような状況を打破するためには、多様な知識、スキル、経験を持つメンバーがそれぞれにリーダーシップを発揮し、目標達成に向けて良い影響を及ぼし合うことが必要です。「前年比110％の売上を目指す」など、目標は明確でも、それを達成するための手法にはイノベーティブな発想が求められる時代です。営業現場に必ずしも狭義の「イノベーション（技術革新）」は求められないかもしれませんが、仕事のあり方を「イノベーティブ（革新的）」にして

いくことは、非常に重要なことです。だとすれば、営業部門だからシェアド・リーダーシップが不要、ということはありません。複雑さや不確実さが仕事の過程のなかに少しでもある仕事であれば、シェアド・リーダーシップを試してみる価値はあります。

≫ 今や軍隊でも、シェアド・リーダーシップに着目

シェアド・リーダーシップが「向かない」職場として、トップダウンのイメージが最も強い、軍隊におけるチームを連想された方もいるでしょうか。

しかし、実は、今や軍隊においてさえもシェアド・リーダーシップなチーム運営の仕方が着目されるようになっています。昨今は、AI（人工知能）を使って動画や音声を合成するディープフェイクという技術を用いた情報戦やドローンを使った奇襲など、軍隊で扱われる技術、武器、情報もかなり高度化しています。用いられる戦術も複雑化しやすく、軍隊においても、少数のリーダーだけでチームを率いていくことが難しくなっているからです。

こうした背景から、NATO[54] の中・上位レベルの管理職の士官を対象に行われた調査でも、シェアド・リーダーシップなチーム運営が有効に働く場面が多くなっていると、軍のリーダーたちが回答しています[55]。**図表 1-13** は、この調査で士官らから語られた回答の一部です。

これらの声からは、軍隊のような究極のトップダウン組織でも、昨今では、タテ方向のリーダーシップだけでは限界を迎えつつあること、ヨコ方向のシェアド・リーダーシップが様々な効果をもたらすこと、新しい世代の人々にはシェアド・リーダーシップが必須のものとなりつつあ

---

54 北大西洋条約機構（North Atlantic Treaty Organization）の略。加盟国の領土と国民を防衛するための集団防衛、危機管理、協調的安全保障を任務とし、2024 年 4 月時点では 32 カ国が加盟。

55 Cakiroglu, S. S., Caetano, A., & Costa, P. (2020). How do mid-senior multinational officers perceive shared leadership for military teams? A qualitative study. Team Performance Management, 26, 301-318.

図表1-13 NATO軍の士官らのシェアド・リーダーシップへの認識例

タテ方向のリーダーシップは、リーダーによる偏りに弱く、非常に個性的になりやすい。チームを高めることを阻害することさえある。
1人のリーダーが全ての答えを持ち、直面する重要課題を理解することはできない。
シェアド・リーダーシップには、利点が多数ある。主体性や賛同が増えるだけでなく、集合的な議論を通じてチームの弱点や個人の知識・経験不足を補うことができ、より包括的な成果を期待できる。
シェアド・リーダーシップが導入されたプロジェクト・チームでは、任務をより短時間で完了させることができ、より効果的である。
新しい世代の進化した認識は、軍の新しいリーダーに、現代的な軍の文脈でシェアド・リーダーシップを実行させることになる。

出所：Cakiroglu et al.（2020）をもとに作表

ること、などが読み取れます。

　しかし、軍事チームであっても、極限の判断や瞬時の意思決定が求められる場面では、シェアド・リーダーシップと従来型の絶対的トップダウンのリーダーシップのどちらが望ましいかについては、研究結果でも見解が分かれています。先のNATOの士官らを対象にした調査では、中長期的に戦略などを検討する軍事本部などではシェアド・リーダーシップが適するものの、一刻を争うような実戦環境ではシェアド・リーダーシップは向かないという指摘もなされています。その一方で、アメリカ軍の関係者などを対象とした別の調査では、こうした危険な環境下こそシェアド・リーダーシップの効果がさらに高まるという見方も示されています[56]。

　いずれにしても、トップダウンの最たるものともいえる軍事チームに

---

56 Ramthun, A. J., & Matkin, G. S. (2014). Leading dangerously: A case study of military teams and shared leadership in dangerous environments. Journal of Leadership and Organizational Studies, 21, 244–256.

おいても、シェアド・リーダーシップが注目されていることは、こうした新たなリーダーシップのあり方が、多方面で有効性を持つ大きな可能性を秘めていることの証左といえます。

リーダーシップをシフトする5つのSTEP

　さて、ここまでの内容で、シェアド・リーダーシップな全員活躍チームのイメージ、また、シェアド・リーダーシップなチームをつくることの様々なメリットをご理解いただけたでしょうか。

　蓄積されてきた膨大な研究を通していえることは、**シェアド・リーダーシップは現代のビジネス環境下にある多くの職場にとって有効である**、ということです。

　ここまで把握できた我々は、いよいよ、自らの職場やチームを目の前にしながら、どのようにシェアド・リーダーシップを生み出していくかを考えていかなければなりません。いったい、**どのようにすれば、マネジャーは、実際に職場でシェアド・リーダーシップな全員活躍チームをつくることができるのでしょうか。**

　単に仕事をメンバーに丸投げし、「今日からこのチームではシェアド・リーダーシップなチームを目指します！」と宣言するだけでは、当然ながら真にシェアド・リーダーシップな全員活躍チームをつくることはできません。

　次章からは、いよいよ、マネジャーが、シェアド・リーダーシップな全員活躍チームを実現させるための方法について、5つのSTEPで順にお伝えしていきます。これを本書では、**「シェアド・リーダーシップ5 STEPモデル」**と呼ぶことにします。

　本書でご紹介する「シェアド・リーダーシップ5STEPモデル」は、「はじめに」や「調査概要」に記したように、**私たちが日本のイノベーティブな企業14社にご協力いただき、シェアド・リーダーシップなチームづくりを実現しているマネジャーの方々に行った調査をベースとして構成されています**。本書では、現場のマネジャーの皆さんにわかりやすくお届けするため、調査で明らかになり、研究論文としてまとめた内容をできる限りシンプルに再構成し、5つのSTEPで整理しています。また、理解を深めていただくために、内容には、世界の様々な研究知見も加えて構成しています。マネジャーの皆さんの実践につなげやすいよう、**皆さんの考えや、チームの状態などを整理するためのシートも盛り込みました**。ここからは、ぜひ、皆さんのチームを具体的に思い浮かべながら読み進めてみてください。

　シェアド・リーダーシップなチームを実現するうえで一番重要なことは、マネジャーの皆さん自身が、今まで持っていたマネジャー像のイメージをいったん手放し、チーム運営の方法や自分の行動を「シフトする」と決意することです。シェアド・リーダーシップなチームは、**「気づいたら自然と実現していた」ということは、まずありません**。ですから、まずはマネジャーである皆さんが**「自分のリーダーシップのあり方をシフトする！」と決意すること**、これが全ての起点となります。マネジャーの皆さんの行動をシフトすることによって、チームの状態、チームでのリーダーシップのあり方もシフトしていきます。

　では、マネジャーの皆さんは、具体的にどんな行動をどのようにシフトしていけばよいのでしょうか。シフトするポイントは次の5つです。マネジャーの皆さんが自らの行動において5つのシフトを意識することで、チームをシェアド・リーダーシップな全員活躍チームへとシフトさせていくことができます。

「シェアド・リーダーシップ５STEP モデル」のポイント

STEP 1

チーム活動は、「いきなりはじめる」のではなく、

チームの未来を「イメトレしてはじめる」

STEP 2

「圧をかける」ことでメンバーを動かすのではなく、

メンバーが強みを発揮できる「安心安全をつくる」ことで動かす

STEP 3

チームの方針は、「上から下ろす」のではなく、

チームメンバーと「ともに方針を描く」

STEP 4

チームの成果創出を「エースに頼る」のではなく、

「全員を主役化する」ことで成果を出す

STEP 5

役割や手順の「境界を守る」のではなく、

メンバー間の連携や相互刺激を促進するために「境界を揺さぶる」

これらのポイントをまとめると**図表 1-14** のように整理することができます。そして**図表 1-15** が、次章からご説明していく「シェアド・リーダーシップ５STEP モデル」の全体像です。

もしかすると、「自分はもうシフト後のことをいくつかはできている」というものもあるかもしれません。それは、とても素晴らしいことです。

しかし、シェアド・リーダーシップな全員活躍チームをつくっていくためには、これら**５つの STEP を着実に実行しきることが重要**です。**なかでも、STEP 1 から STEP 3 については、その順序も重要です。**シェ

図表 1-14 シェアド・リーダーシップ5 STEP モデルにおけるシフト前後の行動の対比

	シフト前の行動	シフト後の行動
STEP 1	いきなりはじめる	イメトレしてはじめる
STEP 2	圧をかける	安心安全をつくる
STEP 3	上から方針を下ろす	ともに方針を描く
STEP 4	エースに頼る	全員を主役化する
STEP 5	境界を守る	境界を揺さぶる

リーダーシップ・シフト

アド・リーダーシップなチームを実現している多くのマネジャーの方々は、**STEP 1 から STEP 3 についてはチーム活動の初期段階にかなり重点的に意識して行っていました。**

　皆さんも、自分の行動が「シフト後」の状態になっているかを確認し、必要なシフトができていない場合は、何をどう変えていかなければならないかを検討しながら、実践を進めていくようにしてください。

図表 1-15 シェアド・リーダーシップ5 STEP モデル

STEP 1
イメトレして
はじめる

STEP 2
安心安全を
つくる

STEP 3
ともに
方針を描く

STEP 4
全員を
主役化する

STEP 5
境界を
揺さぶる

さあ、シェアド・リーダーシップな全員活躍チームを実現させるための心の準備は整いましたか？　「自分の行動をシフトするぞ！」と決意ができれば、まずは、準備は万端です。早速 STEP 1 に進みましょう！

第 2 章

STEP 1
イメトレしてはじめる

1 イメトレしてはじめる

2 安心安全をつくる

3 ともに方針を描く

STEP

4 全員を主役化する

5 境界を揺さぶる

チーム活動を「いきなり」はじめない

　皆さんは、新年度や、マネジャーとして新しいチームを担当することになったときに、どのようにチーム活動をはじめていますか？　マネジャーの立場にある皆さんは、新年度や新しいチームを担当することになったタイミングでは、ドタバタな状況のなかでいきなりチーム活動をスタートせざるを得ないということが多いのではないでしょうか。

　前年度の年度終わりに、自身の昇進や異動の辞令、メンバーの異動等の知らせを会社から受けて、自分の動揺を落ち着かせたり、メンバーの混乱に対応したりしていると、年度末の日々はあっという間にすぎていきます。異動や退職するメンバーがいる際には、業務の引継ぎ調整が必要ですし、自身も異動をして新しいチームを担当することになった場合には、自身の前の業務の引継ぎもしなければなりません。前年度にやり残した仕事の対応などもあるでしょう。さらに、上（上司・経営層など）からは、新年度の活動に向けて、早々に意向や期待が伝えられます。新年度計画をつくったりしていると、息つく暇もないまま、あっという間に新年度の初日を迎え、新年度を迎えたと思ったら、今度は早々に新しい問題や課題が次々と出てきて…。問題や課題に対応しているうちに、チーム活動が何となくはじまった…という経験をお持ちのマネジャーの皆さんは多いのではないでしょうか。

　年度末、年度はじめはどうしてもドタバタとしてしまうのですが、**シェアド・リーダーシップな全員活躍チームをつくりたいと思ったら「いきなり」チーム活動をはじめない**、ということが大事です。

はじまりは「イメトレ」から

では、何からはじめるとよいのでしょうか。**シェアド・リーダーシップな全員活躍チームをつくるにあたって、マネジャーの皆さんに STEP 1 として最初にぜひ行っていただきたいことは、チーム活動がはじまる前に、どのようにチームをつくっていくか、そのために自分がどうありたいかを、じっくり「イメトレ（イメージトレーニングの略）」をしてからチーム活動をはじめる、ということです。**

私たちが、インタビューをさせていただいた、シェアド・リーダーシップなチームを実現している多くのマネジャーの方たちが共通して行っていたことは、**チーム活動がはじまる前段階から、「①自身が担当している（あるいはこれから担当することになる）チームの事業・仕事がどうありたいか」「②メンバーにはどう活躍してほしいか」「③自分自身はどうありたいか」を内省し、少し未来までをイメトレする、**ということでした。

多くのマネジャーの皆さんは、これまでチームづくりの経験はあっても、シェアド・リーダーシップな全員活躍チームを意識してチームづくりを行った経験のある方は少ないのではないかと思います。そこで、頭のなかで事前に、シェアド・リーダーシップなチームのイメージを持っておけると、チームづくりに向けてどのように自分が動いていけばよいかの手がかりを得やすくなります。**実際、シェアド・リーダーシップなチームを実現しているマネジャーの方たちの多くは、内省を通じたこうしたイメトレを、チーム活動がはじまる前から入念に行っていました。**このイメトレ、よく聞かれる言葉だと思いますが、そもそもどんなものでしょうか。

イメトレとは、イメージトレーニング（image training）の略で、スポーツ選手がよく用いるトレーニング方法の1つでもあります。英語では

visualization（ヴィジュアリゼーション）、mental practice（メンタルプラクティス）などと呼び、頭のなかで実際に物事を実行している様子や結果がうまくいっている状況等のイメージを視覚的に思い描くトレーニング方法を指します。事前に特定の動作や行動のイメトレを行うと、脳内で、実際にその動作や行動を実行したときと類似する反応が生じることが明らかにされています[57]。また、事前にイメトレを行うことで、動作や行動のパフォーマンスが高まることも複数の研究データで実証されています[58]。

　イメトレの効果は、様々な分野において科学的に実証されていますが、ここではまず、スポーツのイメトレの効果を紹介しましょう。

　図表 STEP1-1 を見てください。例えば、バスケットボール選手を対象にしたある実験では、イメトレの効果が如実に示されています。この実験では、年齢、経験、性別、スキルレベルが同程度のバスケットボール選手で構成された3つのグループが編成されました[59]。3つのグループとは、①練習グループ、②イメトレグループ、③取り組み「無」グループです。これらのグループにおいて、バスケットボールのフリースローのシュート精度にどの程度の差が生じるかが検証されました。

　各グループの選手は、事前にフリースローシュートを実施し、パフォーマンスの平均値を測定しました。次に、事後の測定をするまでの1週間、3つのグループは異なる過ごし方をしました。①練習グループは、毎日30回フリースローを実際に練習しました。②イメトレグループは、頭

57　Zabicki, A., de Haas, B., Zentgraf, K., Stark, R., Munsert, J., & Krüger, B. (2017). Imagined and executed actions in the human motor system: Testing neural similarity between execution and imagery of actions with a multivariate approach. Cerebral Cortex, 27, 4523-4536.

58　例えば、以下の研究があります。
　　Driskell, J. E., Copper, C., & Moran, A. (1994). Does mental practice enhance performance? Journal of Applied Psychology, 79, 481–492.

59　Grouios, G., Mousikou, K., Hatzinikolaou, K., Semoglou, K., & Kabitsis, C. (1997). The effect of a simulated mental practice technique on free throw shooting accuracy of highly skilled basketball players. Journal of Human Movement Studies, 33, 119–138.

のなかでフリースローのイメージを 30 回想像しました。また、このイメトレグループでは、各選手が最適な形でフリースローを実施したときの音声を 30 回のイメトレ時に、毎日聞きました。イメトレグループの選手は実際に体を動かすことはせず、研究者の管理のもとでイメトレのみを行いました。③取り組み「無」グループは、バスケットに関することを全く実施せず過ごしました。

　各グループが 1 週間後に遂げた変化は、**図表 STEP1-1** の通りです。事前から事後の成績向上度は、①練習グループは 31% UP、②イメトレグループはなんと 55% UP、③取り組み「無」グループは 7% UP でした。驚くべきことに、**事前と事後の比較で最もシュート精度が向上したのは、①練習グループではなく、②イメトレグループ**だったのです。イメトレをして物事に臨むことが結果を出すためにいかに有効かがわかります。

望む結果を実現するためにイメトレが有効なのは、スポーツの世界だ

図表 STEP1-1 フリースローシュートの精度に及ぼすイメトレの効果

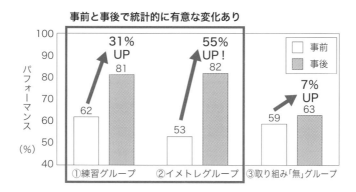

出所：Grouios et al.(1997) を一部修正

▶イメトレをして臨んだグループは、練習グループ以上にフリースローシュートの精度が向上した。

けではありません。**ビジネスも同じです。**ビジネスの分野で、日本の経営者を対象に行われた研究でも、その効果は実証されています[60]。この研究では、経営者の内省経験とそのリーダーシップの発揮度との関連が検証されました。この研究では、内省を「人間の高次に発達した脳機能によって可能となっている自己に対する認知を基にした自己変革」と表現しています。つまり、頭のなかで自分自身の状態やイメージを振り返り、今後の行動の変化につなげていくことを指しており、内省はイメトレとかなり重なる部分の多い行為です。この研究では、**図表 STEP1-2** の結果が得られました。経営者本人の内省経験の度合いは、そのリーダーシップの発揮度に強い影響を及ぼしていました。つまり、内省し、イメトレをすることは、良好なリーダーシップの発揮に良い影響をもたらすこと

図表 STEP1-2 内省経験とリーダーシップとの関連

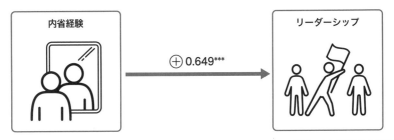

出所：八木 (2010) より作図

▶「内省経験」は「リーダーシップ」の発揮に強いプラスの影響をもたらす。

【注】
・内省経験を独立変数とし、リーダーシップを従属変数とする回帰分析の結果。
・数値は、影響度の強さを示します。－は負の影響を、＋は正の影響を示します。
・数値の右上の＊は、有意水準を示しており、＊が多いほど、示された影響には統計的に意味がある可能性が高いことを意味します (＊＊＊＝1% 有意水準)。
・この研究でのリーダーシップは、経営者の変革型リーダーシップを測定しています。

60　八木陽一郎．(2010)．内省経験が変革型リーダーシップに与える影響―中小企業後継経営者を対象とした実証分析を通じて．日本政策金融公庫論集，7, 67–80.
　　この研究では、日本の中小企業の後継経営者 3,504 名のデータが収集され、経営者の変革型リーダーシップに影響を与える要因が検討されています。

がわかったのです。

　そして、本章の冒頭に記したように、私たちがイノベーティブな企業でシェアド・リーダーシップなチームを実現しているマネジャーの方たちに行った調査結果においても、こうしたマネジャーの方たちの多くが、チーム活動の前段階に、念入りに自身やチームについて内省をし、イメトレをしていることがわかりました。**シェアド・リーダーシップなチームを実現するために多くのマネジャーの方たちが行っていたのが、次の3つのイメトレでした。**

---

　① 少し未来の「事業・仕事」をイメトレする
　② 少し未来の「チームメンバー像」をイメトレする
　③ 少し未来の「自分」をイメトレする

---

①少し未来の「事業・仕事」をイメトレする

どんな未来なら自分が真にワクワクできるか？

　私たちがインタビューをさせていただいたシェアド・リーダーシップなチームを実現しているマネジャーの方たちの多くは、まず、チーム活動がはじまる前段階から、自身が担当している、あるいはこれから担当するチームの「事業・仕事」について、少し未来までを思い描いてイメトレをしていました。

　STEP 2以降で詳しく触れていきますが、シェアド・リーダーシップなチームを実現するためには、マネジャーによるチームやチームメンバーへの丁寧な働きかけが欠かせません。**こうした行動をマネジャーが**

とれるかどうかは、マネジャーの皆さん自身がシェアド・リーダーシップな全員活躍チームを実現することが、なぜ必要で、どれほど重要かということを真に腹落ちしていなければなりません。

　イノベーティブな企業で実際にシェアド・リーダーシップなチームを実現していたマネジャーの方たちは、最初からシェアド・リーダーシップという状態を目指していたのではなく、**まずは、少し未来の「事業・仕事」で実現したい状態を具体的にイメトレしていました。**そして、その状態を実現するためには、メンバー個々の力を大きく引き出し、一人ひとりが得意分野でリーダーシップを発揮するようなシェアド・リーダーシップなチームをつくっていくことが欠かせないと考えるに至っていました。

　今は実現できていないけれども、少し未来に実現したい「事業・仕事」の状態を具体的に思い描いてみることで、思い描いた状態を実現するには、メンバー全員が最大限に力を発揮し、皆が得意分野でリーダーシップを発揮していくようなチームにしていかなければならないと強く感じていたのです。

　「少し未来」の事業・仕事をイメトレするにあたり、どの程度先までの時間軸で設定するかは、業種、業界によって異なります。業種・業界によって、ビジネスが回るサイクルが異なるからです。年度単位でビジネスが回る仕事もあれば、月単位で次の仕事に取り掛かる仕事もあります。しかし、一般的にはビジネスサイクルは年度単位で回ることが多いと思います。その場合には、「少し先」が１年程度だとすぐに手が届く現実的な光景になってしまいがちです。３年ぐらい先の少し未来に、自分が担当しているチームの事業や仕事でどのような光景を見たいのか、どのようなことを実現させたいのか、敢えて考えてみることが重要です。

　図表 STEP1-3 は、架空の広報部門のマネジャーの場合のイメトレ例です。このマネジャーは、現在、自社の商品を PR するために、ホーム

ページにコラム集のサイトをつくっています。しかし、現状では、表の左側にあるように、サイトを見に来てくれるユーザーを十分に集められておらず、別途の情報発信や広告を掲載して、やっとサイト訪問者がいるという状態です。当然、このコラム集のサイトで課金をするようなマネタイズもできておらず、本来の目的である自社商品のPRにも貢献できているかどうかが怪しい状態です。

　こうした現状から、**図表STEP1-3の右側にあるように、3年後ぐらいの少し未来には、何ができるようになっていたいかをイメトレしていきます**。このとき、サイトページ閲覧数であるPV（ページビュー）数や、特定の期間内にサイトを訪れるユーザーの数であるAU（アクティブユーザー）数などの数値目標を設定するのも悪くないのですが、数値はあくまでも目指したい状態を測るものさしにすぎません。まずは少し未来にどのような状態を目指したいのか、どのような光景を見たいのか、「定性的な状態」として思い描いてみます。このマネジャーの場合は、「社会からの自社メディアへの信頼が会社や商品の信頼につながり、記事を経由した商品の購入が多数生じるような状態」を実現したいとイメトレ

図表STEP1-3 架空の広報部門のマネジャーの場合の少し未来の「事業・仕事」のイメトレ例

現状 は何をしているか	少し未来 には何ができるようになっていたいか
・自社商品PRのためのデジタルマーケティングの一環として、コラム集サイトを運営。 ・現在は、情報配信、広告等を駆使して閲覧者をサイトへ誘導。 ・うまくマネタイズできていない。 ・商品売上への貢献度が不明瞭。 ・月間ページビュー（PV）〇〇 ・月間アクティブユーザー（AU）〇〇 ・効果測定方法実装なし。	・社会からの自社メディアへの信頼が会社や商品の信頼につながり、記事を経由した商品の購入が多数。 ・コラム集→オウンドメディアへ拡大し業界内で高い信頼を得て、顧客、専門家から高評価・高反応を得ている。 ・社外から自社メディアへの掲載希望者多数（募らずとも殺到する状態）。 ・月間PV数〇〇 ・月間AU数〇〇 ・月間CV 〇〇千円 ・効果測定方法実装済み。

しました。社会から高い信頼を得ている、ということは、顧客や専門家から注目を浴び、高評価、高反応を得ているという状態です。こうした状態を思い描いてから、では、これを数値で示すとどの程度か、サイトページ閲覧数である PV 数や、特定の期間内にサイトを訪れるユーザーの数である AU 数などの数値をあてはめていきます。仮に数値で表現できなくても気にしません。「自分のチームや職場にこんな光景が広がったらいいのに」と定性的な状態だけでもいいのでイメージを膨らませます。イメージできない状態は実現できません。こんな光景が広がったら、とまずは自分自身がワクワクする状態をイメージすることで、自分自身のモチベーションが鼓舞されます。ビジネスにおいては、数値目標が先行しがちですが、マネジャー、メンバー問わず、人は数値だけでは活動にコミットすることはできません。見たい光景を想い描くことができ、その状態を真に求めるからこそ活動にコミットすることができるのです。

　皆さんは、自分の今のチーム、あるいはこれから任されるチームの事業・仕事がどのような状態になり、どのような光景が広がったら、真にワクワクし、心からチャレンジしたいと思えるでしょうか。113 ページの図表 STEP1-6 にシートを用意しました。この一番上の①の欄に「現状」と「少し未来」に実現したい事業・仕事の状態について、図表 STEP1-3 の例も参考にしながら、皆さん自身の考えを整理しイメトレしてみましょう。**少し未来に自分が見たい光景をなるべく具体的に想像してみることで、必要なチームづくりのイメージも具体化されていきます。**

②少し未来の「チームメンバー像」をイメトレする

未来の実現に向けてメンバーには、どうなってほしいか？

　少し未来に実現したい「事業・仕事」のイメトレが具体的にできたら、

次は、少し未来の「チームメンバー像」のイメトレです。先程も記したように、シェアド・リーダーシップなチームを実現していたマネジャーの方たちの多くは、少し未来の「事業・仕事」のイメトレを行うとともに、その実現のためにチームやチームメンバーがどのような状態になっていく必要があるかということをあわせて考えていました。事業（ビジネス）を安定的かつ継続的に運営していくためには、それを具体的に行う「ヒト」が重要です。そこで、「少し先の未来」までに、自分のチームメンバーにどのように変化してほしいのかを、次に考えるのです。

　私たちの調査では、チーム全体についてイメトレをしていたマネジャーもいれば、個々のメンバーの状態についてイメトレしていたマネジャーもいました。しかし、**ポイントは、多くのマネジャーが「事業・仕事」と「チーム全体もしくはチームメンバー」の少し未来をセットで考えていたことです。**成り行きで3年後のチームメンバー像を考えるのではなく、少し未来に自分が担当しているチーム、これから担当するチームが、どのような「事業・仕事」ができるようになっていたいか、を具体的に考えたうえで、それを実現できる「チーム像」や「チームメンバー像」を思い描くのです。もちろん思い描いたからといって全くその通りにチームメンバーが成長できるかどうかはわかりません。しかし、事前に「あの仕事ができるようになってほしい」「この事業領域でリーダーシップを発揮して活躍してほしい」とイメトレをして、理想とするチームメンバー像を具体的に思い描いていた場合と、全く何も考えていなかった場合とでは、少し未来のチームメンバーに大きな差が生じるのは皆さんも想像に難くないのではないでしょうか。

　図表 STEP1-4 には、先ほどの**図表 STEP1-3** での架空の広報部門のマネジャーの、少し未来の「事業・仕事」のイメトレに基づいて、少し未来の「チームメンバー像」のイメトレ例を示しました。このマネジャーのチームには、Aさん、Bさん、Cさん、Dさんの4人のメンバーがいます。それぞれの現状は、左側の「現状」欄に記されています。右側の

		現状 は何をしているか	少し未来 には何ができるように なっていてほしいか
チームメンバー	A さん	・外部と協力してサイトの記事を スケジュール通り制作すること ができる。	・業界で一目置かれるオウンドメ ディアのコンテンツラインナッ プを整備でき、持続可能な形で 実装することができる。
	B さん	・SNS や広告、メルマガ等で商 品や PR 記事の拡散、サイト誘 導を担当。	・オウンドメディアの拡散方法や 頻度の知識が専門家レベル。「バ ズりリーダー」として、望まし い仕組の実装が可能。
	C さん	・リアルな場(セミナー運営等) での周知に挑戦中。	・サイト閲覧者やコラム読者が参 加したくなるリアルな場の企画 力で抜群の力を発揮。オウンド メディアの「オフ会企画」では 他社からも取材を受けるほどに。
	D さん	・PR、広報施策の効果測定⇒改 善に取り組み出したが、情報収 集段階。	・多数の効果測定方法や仕組みに 精通し、分析結果を踏まえた提 案も多く、どの分野における内 容検討の議論にも欠かせない存 在となる。

「少し未来」の欄には、**図表 STEP1-3** でイメトレした少し未来の「事業・仕事」の状態を実現させるために、各メンバーにどの分野でリーダーシップを発揮してほしいか、何をどのくらいできる状態になっていてほしいのかをイメトレした内容が記載されています。

　例えば、メンバーの A さんは、現状では、外部と協力してサイトの記事をスケジュール通りに制作することはできる状態です。しかし、先にイメトレした少し未来の「事業・仕事」の状態を実現させるためには、A さんには、自社サイト上で、業界で一目置かれるようなコンテンツを整備でき、それも 1 回だけではなく、持続可能な形で実現できるようになってほしい。レベル感としては、コンテンツ制作の面で、社内トッ

プクラスとして一目置かれるような状態になってほしい、と具体的なイメージや期待値をイメトレしていきます。同様に、Bさん、Cさん、Dさんについても、少し未来の「事業・仕事」で実現したい状態に至るために、それぞれに少し未来に何ができるようになっていてほしいかを具体的にイメトレしていきます。

　皆さんの場合は、いかがでしょうか。**図表STEP1-6**のシートの②の欄に、次は、皆さんのチームのメンバーの「名前」「現状は何をしているか」「少し未来には何ができるようになっていてほしいか」を記入してみましょう。ここでも直近の1年先程度の目標ではなく、3年先の未来をイメージして記載してみます。繰り返しますが、ここでのポイントは、少し未来の「事業・仕事」を実現することと、そのために「各メンバーに何ができるようになっていてほしいか」「どのような側面でリーダーシップを発揮できるようになってほしいか」をあわせて考えることです。**皆さんが見たい未来の光景を実現させるために、各メンバーに寄せる大きな期待を言葉で表現するのです。**その未来の光景の解像度が高ければ高いほど、シェアド・リーダーシップな全員活躍チームの実現可能性が高まります。

　3年や5年先を想定すると、当然ながら、異動するメンバーや退職するメンバーも出てくるかもしれません。ですが、メンバーの異動や退職が不確定なのであれば、ここではいったん、異動や退職はない前提で考えてみてください。逆に、あと何年かで退職するメンバーがいるなど、異動や退職がはっきりしている場合は、そのメンバーの業務を、この先、誰が担っていくかということを加味したうえで、少し先の未来の各メンバーの理想の状態を整理します。

③少し未来の「自分」をイメトレする

少し未来の「事業・仕事」、それを実現するための少し未来の「チームメンバー像」をイメトレしたら、最後にイメトレするのは、マネジャーである皆さん自身についてです。**マネジャーである皆さん自身については、より具体的にイメトレをすることが必要です。なぜなら、シェアド・リーダーシップなチームをつくるために、まず行動を起こさなければならないのはマネジャーの皆さんだからです。**

私たちの調査によると、シェアド・リーダーシップを実現していた多くのマネジャーの方たちが、自身についてイメトレしていたのは「能力」「内面」「時間配分」の３つです。以下、順に説明します。

「能力」：少し未来に、自分は何ができるようになっていたいか

先程、**図表 STEP1-6** のシートの②の欄に皆さんのチームのメンバーの「名前」「現状は何をしているか」「少し未来には何ができるようになっていてほしいか」を記入していただきました。これを踏まえたうえで、次は、マネジャーである皆さん自身は「少し未来には何ができるようになっていたいか」、仕事を遂行するうえでの「能力」目標を記入します。

自分が目指したい目標はいつも明確にしている、という方もいるかもしれません。しかし、ここでのポイントは、チームのメンバーが少し未来に大きな成長を遂げていることを前提として、マネジャーである皆さんの少し未来の「能力」目標を記入することです。メンバーが、少し未来に大きな成長を遂げ、今はあなたしかできない仕事や役割も担えるようになったとしたら、あなたはメンバーとは別次元での成長を遂げている必要があります。

例えば、現状ではチームメンバーはあなたの指導を仰がなければ予算

策定の仕事を完結することができないとします。しかし、少し未来には、メンバーが1人で予算策定の仕事を完結することができ、さらに予算策定の仕事では周囲にリーダーシップを発揮できるほどに成長を遂げているとしたらどうでしょうか。マネジャーであるあなたは、予算策定の仕事に関しては、チーム内でリーダーシップを発揮する必要はなくなります。そうなったとき、**マネジャーであるあなたは、メンバーよりもさらに1ランク上の仕事、もしくは別の分野でリーダーシップを発揮できる状態になっていなければならないのです。このように、少し未来の自分のイメージを事前に持っておくと、自分が手放すべきことと、自分が新たに取り組まなくてはならないことが明確になり、メンバーとリーダーシップを共有していくことも心理的に進めやすくなります。** 逆にいうと、少し未来の自分が、どこでリーダーシップを発揮していたいかのイメージを持っておかないと、メンバーとリーダーシップを共有することはなかなかできないものです。なぜなら、メンバーが力をつけ、それぞれの分野でリーダーシップを発揮できるようになると、チームのなかでの自分の優位性が相対的に下がってしまうように感じてしまうからです。このことに気がつかず、**自分をマネジャー就任に導いたプレイヤー時代の強みに固執し、いつまでもそこで優位性を保とうとしてしまうマネジャーは少なくないものです。**「今、自分がしている仕事は自分だけしかできないものだ」と考えたり、「この仕事は自分だけのノウハウにしておきたい」と思ったりして、無意識のうちに仕事を囲い込んでしまうのです。

　図表 STEP1-5 には、**図表 STEP1-3、図表 STEP1-4** で記した架空の広報部門のマネジャーの場合のイメトレ例の全体像を記しています。最初の①の欄に少し未来の「事業・仕事」でのイメトレを行い、その「事業・仕事」の状態を実現するために、②の欄で「チームメンバー像」のイメトレをしました。少し未来に、チームメンバーにできるようになっていてほしい状態を具体的にイメトレした後に、今度は、それを踏まえ

		現状 は何をしているか	少し未来 には何ができるように なっていてほしいか／なっていたいか
① 事業・ 仕事		・自社商品 PR のためのデジタルマーケティングの一環として、コラム集サイトを運営。 ・現在は、情報配信、広告等を駆使して閲覧者をサイトへ誘導。 ・うまくマネタイズできていない。 ・商品売上への貢献度が不明瞭。 ・月間ページビュー（PV）は○○ ・月間アクティブユーザー（AU）○○ ・効果測定方法実装なし。	・社会からの自社メディアへの信頼が会社や商品の信頼につながり、記事を経由した商品の購入が多数。 ・コラム集⇒オウンドメディアへ拡大し業界内で高い信頼を得て、顧客、専門家から高評価・高反応を得ている。 ・社外から自社メディアへの掲載希望者多数（募らずとも殺到する状態）。 ・月間 PV 数○○ ・月間 AU 数○○ ・月間 CV ○○千円 ・効果測定方法実装済み。
② チームメンバー	A さん	・外部と協力してサイトの記事をスケジュール通り制作することができる。	・業界で一目置かれるオウンドメディアのコンテンツラインナップを整備でき、持続可能な形で実装することができる。
	B さん	・SNS や広告、メルマガ等で商品や PR 記事の拡散、サイト誘導を担当。	・オウンドメディアの拡散方法や頻度の知識が専門家レベル。「バズりリーダー」として、望ましい仕組みの実装が可能。
	C さん	・リアルな場（セミナー運営等）での周知に挑戦中。	・サイト閲覧者やコラム読者が参加したくなるリアルな場の企画力で抜群の力を発揮。オウンドメディアの「オフ会企画」では他社からも取材を受けるほどに。
	D さん	・PR、広報施策の効果測定⇒改善に取り組み出したが、情報収集段階。	・多数の効果測定方法や仕組みに精通し、分析結果を踏まえた提案も多く、どの分野における内容検討の議論にも欠かせない存在となる。
③ 自分		・サイトコンテンツ企画でリーダーシップを発揮してきた。 ・拡散や効果測定関連の最新技術理解や、効果的なサイトデザインにおける知識は不十分。 ・自身の個人としてのコンテンツ制作力と、特定のエースメンバーのみに頼ったチーム運営をしている。	・拡散、リアル企画、効果測定については各メンバーに大幅に権限委譲し、リーダーシップを発揮してもらう。 ・コンテンツ企画の最新情報は継続して収集。 ・自身は、中長期的な戦略検討、記事コンテンツの有料化などの新ビジネスモデル開発に注力。 ・社内では経営層からの信頼を得ている。 ・対外的には革新的な広報、PR の取り組みで取材を受け、自社のブランディングに貢献し、有力人材に対する自チームの採用力を高める。 ・チーム全体の力を高めるノウハウを体得している。

図表 STEP1-6 シェアド・リーダーシップな全員活躍チームをつくるためのイメトレシート

		現状 は何をしているか	少し未来 には何ができるように なっていてほしいか／なっていたいか
① 事業・ 仕事			
② チームメンバー	さん		
	さん		
	さん		
	さん		
③ 自分			

たうえで自分自身についてイメトレするのです。メンバーができるようになっていることが格段に増え、今は自分にしかできないことも少し未来にはメンバーができるようになっている、という前提で、自分自身の少し未来をイメトレします。**図表 STEP1-5** のマネジャーの場合は、現状の仕事の多くはメンバーに権限委譲し、自身は新たなビジネスモデルの開発をリードしていくことを目指す、とイメトレしています。

　さぁ、皆さんはいかがでしょうか。少し未来にメンバーが大きく成長したとき、あなた自身は何ができるようになっていたいですか。**図表 STEP1-6** の③の欄にあなた自身についてイメトレをして記入をしてみてください。

　序章で確認したように、現在は、「複雑化」「少数化」「多様化」「分散化」「多忙化」といった５大変化が生じているため、マネジャーが全ての範囲で１人だけでリーダーシップを発揮するのはもはや不可能です。こうした前提で、**これまであなたがマネジャーとして担ってきた仕事のうち、どの分野は誰にリーダーシップを期待し、どの分野ではあなた自身がリーダーシップを発揮していくかを、しっかりとイメトレし、事前に整理しておきましょう。**

「内面」：自分の行動変化を妨げるものと向き合う

　「事業・仕事」「チームメンバー像」「自分」の３つのイメトレのなかで、実は、最も多くのマネジャーが不得手とするのは、何を隠そう「自分のイメトレ」です。誰しも自分自身に矢印が向く話は、苦手なものです。ですが、マネジャー自身のイメトレはとても重要であるため、もう少し掘り下げて見ていくことにしましょう。

　図表 STEP1-6「シェアド・リーダーシップな全員活躍チームをつく

るためのイメトレシート」で「事業・仕事」「チームメンバー」「自分」について、少し未来に何ができるようになっていてほしいか、なっていたいかを記入できたら、これらを実現するために、あなたがどのように自分の行動を変化させていく必要があるか、また、自分の行動変化を妨げ得るものがあるとしたら、それは何かをさらに深掘りして考えていきます。

ここではチームメンバーに対する自身の行動を変えていくために、自身の「内面」に焦点を当てます。**図表 STEP1-6** のシートの②に記入したメンバーの欄を、改めて見てみてください。チームメンバーが「現状」から「少し未来」に記入した状態に変化を遂げるためには、あなたのメンバーへの働きかけをどのように変える必要があるでしょうか。

「メンバーの意見にもっと耳を傾ける」ことでしょうか。あるいは「メンバーに権限委譲をする」ことでしょうか。「メンバーの強みにもっと目を向ける」ことでしょうか。「メンバーの力を引き出すために指示をするのではなく、問いを投げかける」ことでしょうか。**チームメンバーの力を引き出すために、まずは必要となる、こうした自身の行動を具体化します。**

しかし、必要な行動がわかっただけでは、人はなかなか行動を変えられません。一般的な管理職研修などでもこうした行動の必要性はよく語られますが、管理職研修を受けた翌日から素晴らしく行動を変化させられる人は皆無といっていいでしょう。

これはいったいなぜでしょうか。それは、人が、行動を変化させ、その新たな行動を定着させるまでには複雑なメカニズムが生じるからです。**人は、アタマで重要性を理解したからといってすぐに行動が変わるようにはできていないのです。人が自分自身の行動を変えるためには、自分の「内面」に潜む「行動変化のブレーキ機能」に目を向ける必要があります。**

》自分の「内面」に潜む「行動変化のブレーキ機能」とは

　人は、なぜ望ましい行動がわかっていても、行動を変えられないことがあるのでしょうか。なぜ「行動変化のブレーキ機能」が働いてしまうことがあるのでしょうか。

　ハーバード大学教育学大学院のロバート・キーガン教授（成人学習・職業発達論）と同校の研究責任者であるリサ・ラスコウ・レイヒー氏は、著書『なぜ人と組織は変われないのか』[61]のなかで、マネジャーやリーダーが、必要性を感じていても、なかなか思うように行動を変化させられない理由を次のように説明しています。

　図表 STEP1-7 を見てください[62]。ここでは、メンバーの力を引き出すチームづくりに向けて行動変化を目指しているものの、なかなか行動を変えることができないマネジャーの例が記されています。**図表 STEP1-7** の**「1 行動改善目標」**の欄にあるように、マネジャーとして「いくつかの重要課題に時間とエネルギーを集中的につぎ込む」といった目標を掲げ、「権限委譲を行う」などの行動目標を掲げることが、マネジャーの皆さんにもあると思います。

　しかし、実際の行動はというと、このマネジャーの場合は、**「2 阻害行動」**の欄にあるように、「すぐに新しいことに手を出して、仕事を増やす」「大量の仕事を抱え込みすぎて、睡眠、家庭、趣味など、仕事以外のことを犠牲にする」など、以前の行動パターンと変わらない行動をとり続けてしまっています。

　キーガン教授とレイヒー氏は、マネジャーがこうした行動をとり続けてしまうのは、**「3 裏の目標」**の欄に記載されているように、マネ

61　Kegan, R. & Lahey, L. L. (2009). Immunity to change: How to overcome it and unlock the potential in yourself and your organization. Brighton: Harvard Business Review Press.（池村千秋訳（2013）．なぜ人と組織は変われないのか─ハーバード流　自己変革の理論と実践，英治出版）

62　キーガン教授とレイヒー氏の著書での「免疫機能」を本書では、わかりやすさを考慮し、「行動変化のブレーキ機能」という表現を用いて説明しています。また、「改善目標」を本書では、「行動改善目標」という表現で統一しています。

図表 STEP1-7 マネジャーに生じる行動変化のブレーキ機能の例

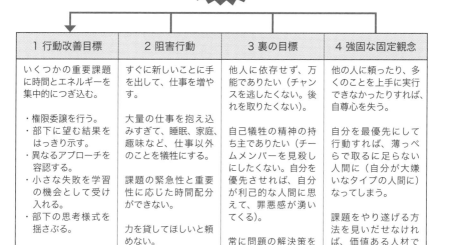

ブレーキ！

1 行動改善目標	2 阻害行動	3 裏の目標	4 強固な固定観念
いくつかの重要課題に時間とエネルギーを集中的につぎ込む。 ・権限委譲を行う。 ・部下に望む結果をはっきり示す。 ・異なるアプローチを容認する。 ・小さな失敗を学習の機会として受け入れる。 ・部下の思考様式を揺さぶる。	すぐに新しいことに手を出して、仕事を増やす。 大量の仕事を抱え込みすぎて、睡眠、家庭、趣味など、仕事以外のことを犠牲にする。 課題の緊急性と重要性に応じた時間配分ができない。 力を貸してほしいと頼めない。	他人に依存せず、万能でありたい（チャンスを逃したくない。後れを取りたくない）。 自己犠牲の精神の持ち主でありたい（チームメンバーを見殺しにしたくない。自分を優先させれば、自分が利己的な人間に思えて、罪悪感が湧いてくる）。 常に問題の解決策を見いだしたい（未処理の課題を積み残したくない。何かを断念するくらいなら、無理をしてでもやり遂げたほうがすっきりする）。	他の人に頼ったり、多くのことを上手に実行できなかったりすれば、自尊心を失う。 自分を最優先にして行動すれば、薄っぺらで取るに足らない人間に（自分が大嫌いなタイプの人間に）なってしまう。 課題をやり遂げる方法を見いだせなければ、価値ある人材でなくなる。

出所：Kegan & Lahey (2009) ／池田訳 (2013), p.165 をもとに一部修正

ジャー本人も自覚はできていないながらも、内心では「他人に依存せず、万能でありたい」という気持ちや、「自己犠牲の精神の持ち主でありたい」といった考えを有しているからだと説明します。この例は、自分が手足を動かすような仕事をすることが望ましい自己犠牲であり、美徳であると、内心では、マネジャーが考えているケースです。さらに、こうした気持ちや考えをこのマネジャーが抱くのは、**「4 強固な固定観念」** の欄にあるように、「他の人に頼ったり、多くのことを上手に実行できなかったりすれば、自尊心を失う」といった自身の「強固な固定観念」に基づ

く恐れがあるためだ、と解説されています。

　「行動改善目標」をいくら掲げても、自分自身がこうした「強固な固定観念」や、それに基づく「裏の目標」を持っていることに気づくことができないと、実際には人はなかなか行動を変えることができません。キーガン教授とレイヒー氏は、人々がこのように目標と相反する行動をとってしまうのは、自分でも自覚できていないこうした「強固な固定観念」や「裏の目標」が**「行動変化のブレーキ機能」**として作用してしまうからだ、と説明しています。

　キーガン教授とレイヒー氏の著書において、**図表 STEP1-7** の例にあるマネジャーのケースでは、「強固な固定観念」が、実は、「重要で貴重な人材で、スーパースターである自分」という自己イメージを守りたい、というマネジャーの願望から生じていることが分析されています。そして、これまでとは異なる行動によっても自身を誇りに思えることができるよう、マネジャーの「強固な固定観念」や「裏の目標」を解きほぐしていった過程が描かれています。

　シェアド・リーダーシップな全員活躍チームをいかにつくるか、に話を戻して考えてみましょう。次は、**図表 STEP1-8** を見てください。**図表 STEP1-6** のイメトレシートの②に記入したチームメンバーの少し未来の状態に近づけるよう、マネジャーが「メンバーの意見にもっと耳を傾ける」という**「1 行動改善目標」**を自分に課したとします。しかし、「自分が予定していたやり方のままで進めたい」という**「3 裏の目標」**が潜んでいると、先ほどの**図表 STEP1-7** の例のマネジャーと同様に、「裏の目標」によって「行動変化のブレーキ機能」が働いてしまいます。そして、「メンバーからの提案を表面的には聞きながら、頭のなかではどう反論しようかと考える」といった**「2 阻害行動」**が生じてしまいかねません。

　図表 STEP1-8 を見ながら、どうしてこのマネジャーの場合は、「自

図表 STEP1-8 シェアド・リーダーシップなチームづくりを行う際に
マネジャーに生じ得る「行動変化のブレーキ機能」の例

1 行動改善目標 どう行動を変えたい？	2 阻害行動 そうは言いつつ…	3 裏の目標 何を守ろうとしがち？	4 強固な固定観念 本当は何を恐れている？
メンバーの考えにもっと耳を傾ける	メンバーからの提案を表面的には聞きながら、頭のなかではどう反論しようかと考える	自分が予定していたやり方のままで進めたい	自分の考えを変えて、メンバーの考えを認めたら、メンバーに軽んじられる
権限委譲を積極的に行う	自分からメンバーの意見を引き出すような問いかけをしない	自分が一番目立つ主役でありたい	自分だけが主役にならないと充実感を得られない
	仕事を1人で抱え込んで、周囲に頼れない	万能な人間でありたい	人に頼ったら、周囲から無能だと思われる

出所：Kegan & Lahey（2009）／池田訳（2013）のフレームを活用して作表

分が予定したやり方のままで進めたい」という「裏の目標」が生じたのかをもう少し掘り下げて考えてみましょう。そこには「自分の考えを変えて、メンバーの考えを認めたら、メンバーから軽んじられる」といった「強固な固定観念」があったのかもしれません。こうした「強固な固定観念」によって「裏の目標」が生み出されている場合、「強固な固定観念」にまで遡って自分のなかで修正されない限り、「裏の目標」は生じ続けます。そして、シェアド・リーダーシップなチームづくりにつながる行動を自分が発揮できないだけではなく、シェアド・リーダーシップなチームづくりをかえって阻害する行動をとり続けてしまうこともあります。

》自身の「行動変化のブレーキ機能」を見える化する

　シェアド・リーダーシップなチームづくりを進めていくためには、マネジャーが自身の行動を変化させていくために、**自分の「内面」で**どの

ように「行動変化のブレーキ機能」が生じ得るかを予め認識しておく必要があります。そして、そのうえで、「行動変化のブレーキ機能」が生じないよう、自らの「強固な固定観念」や「裏の目標」を上書きし、「阻害行動」を自ら克服する必要があります。

　そのために活用したいのが、先ほどの例に示したシートです[63]。図表STEP1-8の例を参考に、あなた自身の内面では、どのように「行動変化のブレーキ機能」が生じ得るかを図表 STEP1-9 のシートに整理してみましょう。

　実際にシートを記入してみると、自分の「内面」に潜んでいる「強固な固定観念」に目を向けるのはなかなか苦しい、ということに気づかれるのではないでしょうか。さらにその「強固な固定観念」に揺さぶりをかけ、変容させていくことは非常に難しいことだとわかります。

　誰しも自分に矢印を向けて自分に問いを投げかけるのは難しいものです。場合によっては、信頼のおける同僚や家族などにこのシートを渡し、自分自身に問いを投げかけてもらってください。

　思うように進まない場合は、自分と似たような「阻害行動」をとっているように見える身近なマネジャーを思い浮かべ、そのマネジャーの「強固な固定観念」に揺さぶりをかけるつもりでシートを書き進めてみる、という方法もあります。いったん他者に矢印を向け、その人にはどのような「行動変化のブレーキ機能」が生じているかを想像して書いてみると、「内面」に潜んでいる「強固な固定観念」やそれを変えていくための方法も書きやすくなる場合があります。

　いずれにしても、シェアド・リーダーシップなチームづくりを真に実現したいと思うならば、自分の「内面」にシェアド・リーダーシップの実現とは相反する「裏の目標」「強固な固定観念」が潜んでいないかをじっくりと内省し、時間をかけて少しずつ「裏の目標」「強固な固定観念」を解きほぐしていくことが必要です。

シートの記入方法

（1） **図表 STEP1-6**「シェアド・リーダーシップな全員活躍チーム
をつくるためのイメトレシート」の②に記入したチームメン
バーの少し未来の状態を実現するために、あなたがメンバー
への働きかけとして取り組むべき行動を**図表 STEP1-9** の
シート「1 行動改善目標」の欄に記入する。

（2）「1 行動改善目標」を妨げる行動なのに自分がとってしまい
そうな行動、これまでに実際に自分がとったことのある阻害
行動を思い出し「2 阻害行動」の欄に記入する。

（3）「2 阻害行動」がどのような自身の「3 裏の目標」に基づく
ものかを内省して、記入する。

（4）「3 裏の目標」がどのような「4 強固な固定観念」に基づい
ているかを整理する。

図表 STEP1-9 シェアド・リーダーシップなチームづくりを行う際に
自身に生じ得る「行動変化のブレーキ機能」

1 行動改善目標 どう行動を変えたい？	2 阻害行動 そうは言いつつ…	3 裏の目標 何を守ろうとしがち？	4 強固な固定観念 本当は何を恐れている？

出所：Kegan & Lahey（2009）／池田訳（2013）のフレームを活用して作表

63　キーガン教授とレイヒー氏の著書では、このシートを「免疫マップ」と呼んでいます。

》「華麗なる変身」を期待しない

　自身の「内面」に目を向け、その「内面」に揺さぶりをかける作業は誰にとっても難しいものです。自分のなかに存在する「裏の目標」や「強固な固定観念」から目を背け、自分にはそのようなものはないと自分に言い聞かせたくなることもあるでしょう。しかし、**自分の「内面」に潜む「裏の目標」や「強固な固定観念」と向き合うことができるかどうかは、今後のあなたのマネジャーやリーダーとしての成長に大きく影響を及ぼします。シェアド・リーダーシップな全員活躍チームをつくることを目指すならばなおさらです。**

　長い年月をかけて形成された**リーダーの「強固な固定観念」**は、いわば**「形状記憶合金」**のようなものです。一度修正したとしても大変な状況に直面したり、時間が経ったりするとすぐに元に戻ってしまいがちです。**一朝一夕に「華麗なる変身」ができるわけではありません。大切なことは、行きつ戻りつしながらも、新しいチームのあり方に向けて自分の行動をシフトし、変化していくことによって、チームの状態をシフトさせていくという決意を持ち続けることです。**

　メンバー個々の強みを引き出し、シェアド・リーダーシップな全員活躍チームをつくるために効果的と思われる行動を試し続けることで、自分の行動も、メンバーの反応も徐々に、でも着実に、変わっていきます。メンバーが活躍し、チームとしての成果につながっていく手応えが得られるようになっていくと、シェアド・リーダーシップなチームのあり方が、自分にとってもメンバーにとっても望ましいものとして定着していきます。

　著者らがインタビューをさせていただいたイノベーティブな企業でシェアド・リーダーシップなチームを実現しているマネジャーの方々の多くも、最初から効果的な行動を発揮してスムーズにシェアド・リーダーシップなチームづくりを実現していたわけではないことを語ってくれま

した。**むしろ、ほとんどのマネジャーの方々が、そこに至るまでは試行錯誤の連続だった、と話されていました**[64]。葛藤を抱えながらも、シェアド・リーダーシップなチームづくりを目指して試行錯誤を続けることで、少しずつ、でも、着実に目指すチームの状態に近づいていく。こうした見通し感を持ち、すぐには目指すチームが実現できなくても、焦ることなく、チームやメンバーへの働きかけを続けていきましょう。心積もりとしては、「継続」ならぬ「超継続」ぐらいの姿勢で臨みましょう。

「時間配分」：チーム活動がはじまる前から自分の時間を囲う

　私たちが行った定性調査では、シェアド・リーダーシップな全員活躍チームを実現しているマネジャーの方々の多くは、マネジャーとしての自身の時間の使い方についても、事前に、イメトレを行っていることが見えてきました。

　マネジャーの仕事は1つではありません。マネジャー行動研究の第一人者の1人であるマギル大学のミンツバーグ教授は、マネジャー行動を詳細に観察し、マネジャーは、実に10もの役割を担っていることを明らかにしています[65]（**図表 STEP1-10**）。

　これを見ると、マネジャーが担っている役割は非常に多岐にわたっていることがわかります。マネジャーの立場にあるのに、実務担当者であったプレイヤー時代と同じような時間の使い方をしていると、平日は深夜まで、土日も仕事という働き方をせざるを得なくなります。業務に忙殺されて時間の余裕がなくなると、人は気持ちの余裕もなくなります。するとつい、「なぜできないんだ」「なぜやらないんだ」と、メンバーに対

64　研究としては、以下の学会発表論文にまとめています。
　　堀尾志保・中原淳．（2021）．シェアド・リーダーシップ重視の価値観獲得に至る管理職の学習プロセスに関する探索的研究．経営行動科学学会第 24 回大会発表原稿集, 99-106.
65　Mintzberg, H.（1973）. The nature of managerial work. New York: HarperCollins.（奥村哲史・須貝栄訳（1993）．マネジャーの仕事, 白桃書房）

対人	情報	意思決定
①代表係 チームの代表として挨拶を したり法的な雑務等を行う	④モニター係 チーム内外の様々な情報を 収集し、把握する	⑦創造係 機会を捉えて、創造性や イノベーションを推進する
②リード係 チームを導き、 メンバーを動機づける	⑤伝達係 チーム外の情報を自チーム に伝達する	⑧配分係 ヒト・モノ・カネ・情報等 の資源を配分する
③連絡係 自分のチームとチーム外の 諸連絡を行い間をつなぐ	⑥宣伝係 チームの方針や計画、活動 をチーム外に発信する	⑨対処係 チームで生じる問題や 危機に対処する
		⑩交渉係 諸事についてチーム外の 関係者と交渉する

出所：Mintzberg（1973 ／奥村・須貝訳, 1993）をもとに一部表現を修正して作図

して圧をかけて動かすような強硬型のスタイルに走りがちになります。マネジャーが強硬型のスタイルをとると、メンバーは萎縮し、リーダーの顔色ばかりをうかがうようになります。これでは、各メンバーが強みを活かしてリーダーシップを発揮できるような、シェアド・リーダーシップなチームはいつまで経っても実現できません。

　STEP 2 で後述しますが、シェアド・リーダーシップなチームは、メンバーにとって心理的に安心安全な場が確保されてこそ実現できるものです。マネジャーの言動・態度がチームの雰囲気に及ぼす影響は大きく、マネジャーに余裕がないと、安心安全な場はすぐに失われてしまいます。

　図表 STEP1-11 は、リーダーの気分が、チームにどのような影響を

図表 STEP1-11 リーダーの気分とチームの感情トーン、協調性の関係

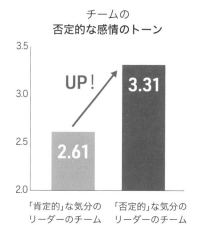

チームの
否定的な感情のトーン

UP！

2.61　3.31

「肯定的」な気分の
リーダーのチーム

「否定的」な気分の
リーダーのチーム

チームの
協調性

3.86　DOWN！

3.03

「肯定的」な気分の
リーダーのチーム

「否定的」な気分の
リーダーのチーム

出所：Sy et al.（2005）をもとに作図

▶「肯定的」な気分のリーダーのもとでは、「チームの否定的な感情のトーン」
　が低く、「チームの協調性」は高い。
▶「否定的」な気分のリーダーのもとでは、「チームの否定的な感情のトーン」
　が高く、「チームの協調性」は低くなってしまう。

及ぼすかを検証した研究の結果です[66]。左の図をまず見てください。これ
を見るとわかるように、「チームの否定的な感情のトーン」の得点は、「肯
定的」な気分のリーダーのチームでは2.61と低い値であるのに対し、「否
定的」な気分のリーダーのチームでは3.31と高い値になってしまって
います。次に右の図を見てください。右の図では、「チームの協調性」
の得点が、「肯定的」な気分のリーダーのチームでは3.86と高い値であ
るのに対し、「否定的」な気分のリーダーのグループでは、3.03と低い

66 Sy, T., Côté, S., & Saavedra, R. (2005). The contagious leader: Impact of the leader's mood on
the mood of group members, group affective tone, and group processes. Journal of Applied
Psychology, 90, 295–305.

値になってしまっていることがわかります[67]。つまり、リーダーが否定的な気分で過ごしていると、それがチームにも「**伝染**」し、ひいてはチームの協調性にも悪い影響を及ぼしてしまうことが読み取れます。

　マネジャーの皆さんは、自身のためだけでなく、チームのためにも、かなり意識的に、自分の時間的、精神的余裕を確保する必要があることがこうした研究データからも示唆されます。さらに、シェアド・リーダーシップな全員活躍チームをつくり、維持するためには、マネジャー自身も日々能力を高め、新たな分野でリーダーシップを発揮していく必要があります。メンバーから常に最大限の力を引き出すとともに、**自身も日々の自己研鑽を怠ることはできません。かつて培った能力のうえにあぐらをかいていることはできないのです。**

　ですから、マネジャーの皆さんは、自分自身のことに使える時間が減ってしまうことを見越して、予め「自分のメンテナンスのための時間」と「余裕時間」を確保しておき、その後に、「チーム全体のための時間」「個々のメンバーのための時間」「チームの代表としてチーム外の関係者とやりとりをするための時間」といった具合に、**自分の時間をどう配分するかを事前にイメトレしておくことが重要です。**事前にイメトレをしておき、自分の時間配分に意識的になると、心身の余裕を失うことも少なくなります。**良いチームをつくり、良い仕事をするためには、「休むことも仕事」と捉え、休みをきちんと確保するのです。**

　細かな時間配分を行うことは難しいため、**図表 STEP1-12** のように大まかな配分イメージをつくっておき、曜日や時間帯別に時間を割り振るなどして、それぞれの時間を確保するとよいでしょう。

67　「肯定的」な気分のリーダーのチームと「否定的」な気分のリーダーのもとでの「チームの否定的な感情のトーン」、「チームの協調性」の得点の各差は、統計的にも有意な差（1%有意水準）が示されています。

　「自分のメンテナンスのための時間」には、自分自身の心身のケア、つまり、疲れやストレスをケアする時間と、自分自身の能力を高める時間の両方が含まれます。大切なことは、必ず「自分のメンテナンスのための時間」「余裕時間」を予め確保しておく、ということです。

　実際のところ、マネジャーの仕事の多くを占めているのは予測のつかない事態への対応であったりします。マネジャーは、「manage」する人です。つまり様々なことが日々生じるなかで、物事を何とか「やりくり」することが求められる存在です。このような仕事の性質上、飛び込み仕事は避けることができません。特にシェアド・リーダーシップなチームでは、マネジャー自身がリーダーシップを発揮するだけでなく、メンバーもリーダーシップを発揮します。これは、マネジャーがメンバーをフォローする側になる場面も多々発生する、ということを意味します。その意味でもマネジャーは意識的に「自分のメンテナンスのための時間」「余裕時間」を予めイメトレして確保しておき、能力的、時間的、精神的な全ての面で対応できる準備をしておく必要があるのです。多くの企業で

図表 STEP1-12　「時間配分」のイメトレ例

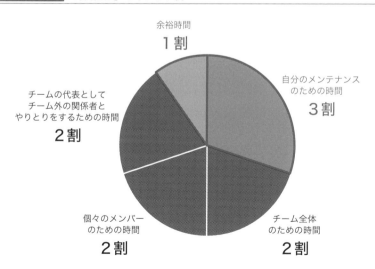

は、マネジャーに就任して以降は、いたわる対象とは見なされません。周囲はもう自分をいたわってはくれないのですから、マネジャーは自らをいたわる「セルフ・コンパッション（self-compassion）」で自身の心と体をいたわる習慣をつけることが重要です。

> ### コラム マネジャーのイメトレ（サイバーエージェントのマネジャーの例）
>
> シェアド・リーダーシップな全員活躍チームを実現させるために、マネジャーがイメトレを活用している事例としてご紹介したいのが、サイバーエージェント社でインターネット広告事業本部の統括を務めている蜷川親将氏のインタビュー記事です[68]。この記事のインタビュアーは、同社の常務執行役員 CHO の曽山哲人氏です。記事では、蜷川氏が、「良いチームをつくり、成果を出し続ける」ために自身が行っている実践について語っています。シェアド・リーダーシップという言葉は使われていませんが、ここで蜷川氏が語っている内容は、本書でご紹介しているシェアド・リーダーシップなチームづくりのプロセスに通ずる点が多々あります。詳しくは記事をお読みいただくとして、許可を得て、ここでは記事から一部を引用してご紹介したいと思います。
>
> 【注】以下、太字部分が記事からの引用部分。

---

68 サイバーエージェントのオウンドメディア「CyberAgent Way」2022 年 2 月 1 日記事「圧倒的な成果を出し続けるために実践している 3 つのこと」https://www.cyberagent.co.jp/way/list/detail/id=27254

　蜷川氏は、「圧倒的な成果を出し続けるために実践している3つのこと」として、目標、戦略、実行力の3点を挙げています。

> **目標：どうすれば「圧倒的な成果が出る」＆**
> **「最高のチーム（組織）になる」のかを考え続ける**

　蜷川氏は、まず、「良いチームをつくって、成果を出し続ける」ために、大事なこととして、「『どうすれば圧倒的な成果が出るのか、そして最高のチームになるのか』と、常日頃から考え続けることです。ポイントは『圧倒的な成果』と『最高のチーム』のどちらか一方ではなく、両方セットで考えていることです。」と述べています。

　なぜ、「圧倒的な成果」と「最高のチーム」の両方をセットで考えているかというと、「中長期で成果を出し続けようとすると、優秀な人やチームがいないと難しい。だから短期の成果に加えて、中長期に最高の組織をつくることを意識しています」と話します。また、チームづくりについては「どうやって最高の組織をつくっていくのかというと、『リーダーである自分がいないという前提で、組織を組み立てること』を念頭に置いています。」と、述べています。本書で紹介したように、少し未来の「事業・仕事」で実現したい状態をイメージしつつ、メンバーとリーダーシップを共有することを意識したチームづくりを行っていることが読み取れます。

　さらに、「私は『一人ひとりの能力を最大限に引き出している組織』こそが、理想の組織だと思っています。だから現時点では仮に実力不足であったとしても、チームのメンバーそれぞれに、あえて一つ上の役割や役職の仕事の成果を求めるようにしています。すると、求められたメンバーは自分の役割の何かを後輩に託さないと回らなくなってしまうので、チームの中で自然と"期待の連鎖"が生まれ

るんです。全員の力が最大限引き出されて、能力も開花していく。まるでドミノ倒しのようなイメージです。」とも話しています。メンバーに対して成長を促すため、「少し未来には何ができるようになっていてほしいか」を考え、1ランク上の仕事を任せることを、チーム全体で行っていることがわかります。

戦略：わかりやすさに徹底的にこだわり続ける

次に、蜷川氏は「シンプルでわかりやすいメッセージ」によってチームにイメージを伝えることの重要性について述べています。「シンプルでわかりやすいメッセージであるほどチームの力が結集されやすく、その分結果も出やすくなるんですよ。なぜなら、KPIを一つに絞ることで何をやるべきかという判断基準を全員で共有することができるので、決断と行動のスピードが上がって成果の最大化につながります。逆にメッセージが複雑だと、メンバーも何をやればいいのかと判断に迷って組織の力が分散してしまったり、何かアクションをした後のフィードバックで何から伝えればいいのかと悩んでしまう。」と話します。このようにわかりやすく戦略を語れるのは、チーム活動がはじまる前から、少し未来に実現したい「事業・仕事」を具体的に思い描き、イメトレをしているからこそといえます。

実行力：自分の時間配分を決める（＝優先順位）

蜷川氏は「自分の時間配分を決めること」の重要性についても述べています。「最初に目標設定をするときに重要なのが、時間配分もセットで考えることです。私は優先順位をつけて、最も成果が出るであろうところに最大限時間を使うようにしています。」と語っています。そして、優先順位をつけて時間配分を決めるために、「一

人合宿」「プロジェクト合宿」「定例会議の見直し」を習慣にしているといいます。

■一人合宿

蜷川氏は、半年に一度、一人合宿をし、「仕事・家族・友達・趣味など7つのテーマについて2泊3日で考えていて、自分がどういう風に今後生きていきたいのかという視点から優先順位を決めたり、テーマ毎の目標を決める機会」を持つようにしている、と語っています。

■プロジェクト合宿

また、直近の仕事については、プロジェクト単位でどこに時間を優先的に配分するかを定期的に考えているといいます。「仕事に関してさらに細かく振り返る機会として、3カ月に1回行っています。私の場合は大体15個ぐらいのプロジェクトに大別し、プロジェクト間での優先順位を付けたり、各プロジェクトの肝について考えたりしています。」

■定例会議の見直し

さらに、日々の会議についても、蜷川氏は、「月に1回は見直しています。止める会議もあれば時間を短縮したり隔週実施にしたりと、会議の内容に合わせて都度変えています。」と話します。定例会議については、同社の常務執行役員CHOの曽山氏も「定例会議の見直しに関して、上位レイヤーの人ほど『捨てること』も大事」と語っています。

これに加えて、蜷川氏は、週に一度、「翌週の時間の使い方の配分をスプレッドシートに予め入力し、1週間終えたときにその通り

にできたのか、プロジェクト合宿で決めた優先順位の通りになっているかという振り返りも週次で行っています。」と述べており、自分の「時間配分」をかなり意識的に行っていることがわかります。

　いかがでしょうか。このインタビューには、シェアド・リーダーシップなチームを実現するうえで重要となる「イメトレ」の内容である、①事業・仕事、②チームメンバー像、③自分（能力、内面、時間配分）の全ての要素が盛り込まれています。「どうすれば圧倒的な成果が出るのか、そして最高のチームになるのか」と、常日頃から考え続けているという蜷川氏の実践は、シェアド・リーダーシップなチームづくりにおいて、非常に参考になるものといえます。

コラム　目指したいチームをキャッチコピーで表現（丸紅の例）

　シェアド・リーダーシップな全員活躍チームをつくるためのイメトレが完了したら、その状態が実現したチームについて、キャッチコピーをつけてみるのもおすすめです。先ほどのコラムの蜷川氏も**「シンプルでわかりやすいメッセージであるほどチームの力が結集されやすく、その分結果も出やすくなる」**と語っていました。

　まずは、皆さんが目指したいチームの状態を表すたくさんのキーワードを書き出してみます。次に、それらのキーワードから目指したいチームの状態をシンプルなキャッチコピーにまとめます。映画やドラマ、マンガなどから表現を借りることも、ときに有効です。多くの人と同じイメージを共有しやすくなるからです。

　例えば、総合商社の丸紅は2022年にアニメのワンピースをモチーフにして、同社が目指すあり方として、**図表 STEP1-13** のメッセージを発信しました[69]。

　丸紅では、直接的に「シェアド・リーダーシップ」という表現を用いているわけではありませんが、チーム内、組織内だけでなく他の組織とも連携してシェアド・リーダーシップ的なあり方で高次の物事を実現しようとしていることがわかります。

　このような形で、キャッチコピーやメッセージなどの形で言葉にして表現することで、少し未来に実現したいチームのイメージがより具体化され、さらに記憶にも残りやすくなります。また、チームのメンバーに少し未来に実現したいチームのイメージを伝える際に、同じイメージを持ってもらいやすくなるという利点もあります。

69　2022年6月14日〜2023年6月13日　丸紅×『ONE PIECE』広告コラボ

「できないことは、みんなでやろう。」

© 尾田栄一郎／集英社・フジテレビ・東映アニメーション

お前にできねェ事はおれがやる
おれにできねェ事はお前がやれ！！！

これは ONE PIECE の作中で登場したセリフです。
この言葉には、これからの世の中を
もっとよくしていくためのヒントがあると思いました。

それは、一人ひとりにできる事は小さくても、
それぞれのプロができる事を持ち寄れば、
大抵の問題は解決できるということ。

丸紅の目指す未来も同じです。
丸紅にできる事は小さくても、
世界中の人や企業や組織と仲間になれば、
どんな課題でもきっと解決できるはず。
困っている人がいたら助け、誰もやらないことをやり、
迷ったらおもしろい方へ。

丸紅の挑戦と冒険は続きます。

できないことは、みんなでやろう。

出所：2022 年 6 月 14 日〜 2023 年 6 月 13 日 丸紅 ×『ONE PIECE』広告コラボ

第 3 章

STEP 2
安心安全をつくる

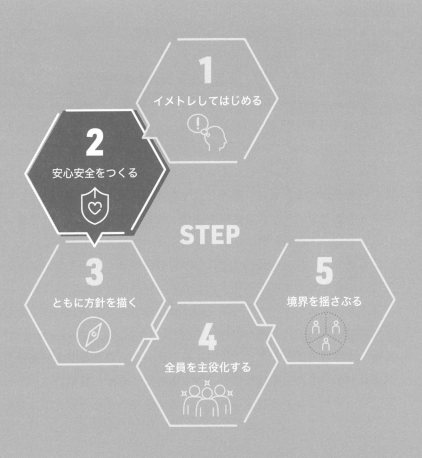

シェアド・リーダーシップな全員活躍チームを実現するために、STEP 1では、「イメトレしてはじめる」ことを掲げました。少し未来に実現させたい①事業・仕事、②チームメンバー像、③自分（能力、内面、時間配分）について具体的にイメージしてからチーム活動に臨むことの重要性について述べました。

これらのイメージがある程度具体的に描けてきたら、STEP 2へと進みます。

シェアド・リーダーシップなチームをつくるために、マネジャーがSTEP 2で取り組むべきことは、チームメンバーの間に「安心安全をつくる」ことです。

「圧」で人を動かす効果は短期的

少し未来に実現させたい事業・仕事、メンバーの状態に近づけるために、マネジャーやリーダーの立場に立つ人のなかには、「圧をかける」アプローチでメンバーと接しようと考える人もいるかもしれません。ここで**「圧をかける」とは、相手に「生存不安（survival anxiety）」を感じさせることで、チームの目標を必達させるようなアプローチです。**メンバーが高い水準の行動に向かうためには、ときに攻撃的な発言を用いてでも厳しくメンバーに接することが自分のマネジャーやリーダーとしての責務だと考える人もいます。

確かに、マネジャーやリーダーの立場にある人が、メンバーに厳しい態度で接すると、メンバーは比較的すぐに行動を修正し、パフォーマンスを向上させることがあります。しかし、こうした**「圧で人を動かす」アプローチがもたらす効果は一時的なものにすぎず、長期的にみると、メンバーのパフォーマンスはむしろ大きく下がることが研究ではわかっ**

ています[70]。

　また昨今のコンプライアンス意識、ハラスメントへの世間からの風当たりは厳しいものです。高度に発達したネット社会では、どんなに都合の悪いものを「隠そう」としても、それはできません。**「隠したいもの」から先に「白日のもと」に晒されるのが現代社会の特徴です。**よって「圧をかける」アプローチが過剰になった場合には、メンバーの声は、必ず外部に漏れていきます。最悪の場合には、マネジャーや経営者のポジション継続も危ぶまれる事態が発生します。

　シェアド・リーダーシップな全員活躍チームを実現しているマネジャーの多くが用いていたのは、「圧をかける」アプローチとはむしろ真逆の「安心安全をつくる」アプローチでした。

　ここでの安心安全とは、**「心理的安全性（psychological safety）」**を指します。心理的安全性とは、ハーバードビジネススクールのエイミー・エドモンドソン教授が提唱した概念で、**「チームのなかの対人関係においてリスクを取っても安全であるとチームメンバーの間で共有される信念」**と定義されています[71]。別の言葉でいえば、それは**「忌憚のない意見を言ったとしても、職場で干されたり、刺されたりしないと皆が思えること」**です。

　植物も固い土では、根を張り、太い幹を伸ばして大輪の花を咲かせることはなかなかできません。職場やチームも同じです。優れた能力を持

70 Liao, Z., Lee, H. W., Johnson, R. E., Song, Z., & Liu, Y. (2021). Seeing from a short-term perspective: When and why daily abusive supervisor behavior yields functional and dysfunctional consequences. Journal of Applied Psychology, 106, 377–398.
　この研究のほかにも、リーダーシップ研究の分野では、破壊的リーダーシップ（destructive leadership）や戦略的いじめ（strategic bullying）といったテーマに関する研究も進んでいます。
71 Edmondson, A. (1999). Psychological safety and learning behavior in work teams. Administrative Science Quarterly, 44, 350–383.

つメンバーで構成された職場やチームであっても、上司やチームの誰か
を恐れて率直に発言ができない固い場では、個々のメンバーが強みを活
かし、長期的にリーダーシップを発揮していくことはあまり期待できま
せん。ですから、マネジャーの皆さんは、チームメンバーが生き生きと
活動できるような環境を整えるために、チームの雰囲気をほぐし、まず
は誰にとっても安心安全な場、心理的安全性の高い場をつくる必要があ
ります。

　皆さんのチームでは、上司やチームでの大勢派の意見に対して、チー
ムメンバーが異を唱えたり、自由に意見を言いにくい雰囲気はないで
しょうか？　自分の意に沿うように無意識にメンバーに無言の圧をかけ
てしまっている、ということはないでしょうか。皆さんのチームは、誰
にとっても安心安全な心理的安全性の高い場になっているでしょうか。
以下で順に詳しく見ていくことにしましょう。

誰にとっても安心安全な場をつくる

　「誰にとっても安心安全な場」といわれても、どのような場であれば、
そうした場といえるのだろうかと疑問に思われた方もいらっしゃるかも
しれません。例えば、次のような状況だったら、あなたのチームはAと
Bどちらに近いでしょうか？　**図表 STEP2-1** は、エドモンドソン教授
の論文で用いられている心理的安全性を測定する尺度をもとに、よりイ
メージが湧きやすいよう、著者らにて、状況ごとにチームがどちらに近
いかを選ぶ形式に表現を修正したチェックリストです。

図表 STEP2-1 あなたのチームはどちらに近い？

Q1. チームの誰かがミスをした

A：まずは誰がミスをしたかが確認される

B：まずは何が原因かが追求される

Q2. チームで誰かが問題について指摘をした

A：言いだしっぺが対応して、という空気になる

B：問題を検討する場が設けられ、適切な人が動く

Q3. チームの誰かが多数派の意見とは異なる視点を示した

A：冷ややかな視線が発言者に注がれる

B：発言をしたメンバーから背景を真摯に聞く

Q4. チームの誰かが初歩的な質問をした

A：「そんなことも知らないの？」と他のメンバーが
　　得意気に説明する

B：他のメンバーが、問われたことに対してフラットに答える

Q5. チームの誰かがピンチに陥った

A：本人以外は無関心

B：チーム全員が自分にできることを考える

Q6. チームの誰かが顕著な活動をした

A：その人を貶める発言をする人があらわれる

B：全員で活動を称賛する

Q7. 他のメンバーにはない優れたスキルや才能を持つメンバーがいる

A：チームで特に取り上げられることはない

B：スキルや才能にリスペクトが示され、仕事で活かされる

出所：Edmondson, A.(1999)をもとに問いの表現を修正し、選択肢を作成

いかがでしたか。皆さんのチームは、それぞれの状況でＡとＢどちらに近かったでしょうか。Ａに近い場合は、**図表 STEP2-2** の度合いがそれぞれ高く、心理的安全性が低い状態になってしまっているといえます。

　チームに「安心安全をつくる」こと、つまり、心理的安全性の高い場をつくることは、シェアド・リーダーシップな全員活躍チームをつくるうえで、とても重要です。なぜなら、**メンバーが、上司やチームの誰かを恐れ、不安を抱くような場、つまり心理的安全性が低い場では、メンバーがアイデアや意見、質問、懸念を率直に述べることも、リーダーシップを発揮して物事を推進していくこともできないからです。**率直に意見を述べたり、自分の得意な領域でリーダーシップを発揮したりすることで、上司やチームの誰かに疎んじられるリスクを感じるような場では、メンバーは下手なことは言わないようにと口を閉ざすようになります。

図表 STEP2-2 図表 STEP2-1 の A に近いと？

Q1. ミスる恐怖度が高い	ミスをすると、それが自分に不利に働く度合い
Q2. 言い出せない度が高い	チームで何らかの問題を提議すると、良くない目にあう度合い
Q3. 同調圧力度が高い	他のメンバーと異なることで拒絶される度合い
Q4. リスク恐怖度が高い	チーム内でリスクある言動をすることが自分の立場を危うくする度合い
Q5. ヘルプ困難度が高い	チームや他のチームメンバーに助けを求める難しさの度合い
Q6. 貶められる度が高い	自分の努力が他のメンバーによって意図的に損なわれる度合い
Q7. 認められない度が高い	自分のスキルや才能が評価も活用もされない度合い

出所：Edmondson, A.(1999) の心理的安全性の尺度をもとに表現を修正して作表

ましてや、物事を推進しようと積極的にリーダーシップを発揮する気持ちにはなかなかなりません。

　近年は、この心理的安全性という概念が大きく着目されています。というのも、**心理的安全性が、チームの成果に重要な影響を及ぼすことが研究で明らかになってきたからです**。エドモンドソン教授は、多数のチームを対象に行った調査で、**チームの心理的安全性は、チームの学習行動を促進し、その結果、チームの成果を高めることを明らかにしています**。つまり、心理的安全性が高いチームでは、物事の改善活動や情報共有が進み、チームとしての成果が高まる、ということです。

　このことは、検索エンジンなどを手掛ける Google 社による調査でも明らかにされています[72]。2012 年、Google は「効果的なチームの条件」を探るために、同社の数百のチームを調査し、チームで成果を上げるための要因解明に挑みました。優秀な統計学者、組織心理学者、社会学者、エンジニアなどを集めた調査の結果、わかったことは、チームメンバー

図表 STEP2-3 心理的安全性がもたらす好影響

出所：Edmondson（1999）をもとに作図

▶チームの「心理的安全性」は、チームの「学習行動」を高めることで、「チームの成果」を高める。

---

72 Duhigg, C.（2016）. What Google learned from its Quest to build the perfect team. The New York Times Magazine. https://www.nytimes.com/2016/02/28/magazine/what-google-learned-from-its-quest-to-build-the-perfect-team.html

の特定の性格やスキル、経歴の組み合わせでチームの成果に違いが出るわけではない、ということでした。同じようなメンバー構成であったり、メンバーが一部重なっていたりしても、チームの成果は大きく異なっていました。**研究を重ねるうちに明らかになってきたのは、成果を上げるチーム**では、この心理的安全性が高いという特徴があることでした。

心理的安全性は、チームの集合知を形成するうえでもとても重要なものであることがわかっています。**集合知（collective intelligence）とは、チームなどの集団が様々な課題に対処する総合的な能力**を指します[73]。最近では、個人の知能指数ではなく、チームとしての知能指数である集合知を測定する研究なども多数行われるようになっています[74]。なぜなら、いくら個々のメンバーの知能や能力が高くても、チーム全体としての集合知が高まらなければ、チームとしての成果につながらないからです。

チームの集合知が高いチームには、心理的安全性とも関連の深いいくつかの特徴があることがわかっています[75]。**1つは、メンバーがほぼ同じ割合で話していることでした。**集合知が高く成果を上げるチームでは、全員が課題について同程度に発言していました。

もう1つの特徴は、メンバーたちの他者への感受性、すなわち声の調子や表情などから他者の感情を察知する力が高かったことです。チーム内に不安や動揺を抱いている人がいたり、発言をしたくてもできずにいる人がいたりした場合、敏感にそれを察知し、その人をフォローする言動がとられていたのです。その結果、こうしたチームでは、チームとしての集合知が高まっていました。

---

73 Woolley, A. W., Chabris, C. F., Pentland, A., Hashmi, N., & Malone, T. W. (2010). Evidence for a collective intelligence factor in the performance of human groups. Science, 330, 686-688.
74 Woolley, A. W., Aggarwal, I., & Malone, T. W. (2015). Collective intelligence and group performance. Current Directions in Psychological Science, 24, 420-424.
75 脚注 No.73 と同論文

　つまり、これは1人もしくは少数の特定の人だけが話しているような
チームや、他者への感受性が低いチームでは集合知が低くなることを意
味します。こうしたチームは、**個々のメンバーは優秀であっても、全員
の意見がすくい上げられないため、集合知が低くとどまり、チームとし
て成功しているとはいえない状態に陥っていたのです。Google の調査**
結果や集合知にまつわるこうした研究結果をきっかけに、**チームにおい
て心理的安全性が果たす役割が大きく注目されるようになったのです。**

　私たちが調査を行ったシェアド・リーダーシップなチームづくりを実
現しているマネジャーの方たちの多くは、**チーム内で心理的安全性を醸
成することをとても重視していました。それも、チーム活動の初期段階
からチームに「安心安全をつくる」ことをかなり意識して行動していま
した。**私たちがインタビューをさせていただいたマネジャーの方たちの
なかには、「心理的安全性」という言葉を直接的には知らない方もいま
した。しかし、チームに、「安心安全をつくる」ということについては、
とても強く意識していました。

　では、こうしたマネジャーの方たちは、チームにおいて「安心安全を
つくる」ために、どのような行動をとっていたのでしょうか。その**ポイ
ントは、大きくは、次の3つでした。**以降では、これら3つのポイント
について解説していきます。

---

① 「チームで大事にしたいこと」は最初に明言する

② 全員が発言できる機会をつくる

③ 1on1で想いを引き出す

---

①「チームで大事にしたいこと」は最初に明言する

チームに「安心安全をつくる」ために、最初にマネジャーがすべきことは、それを「チームで大事にしたいこと」として、チーム活動の初期段階から、チーム全体に対して明言することです。

チーム全体に対して明言することで、マネジャー自身もチームメンバーも、チームに「安心安全をつくる」ことに意識を向けるようになります。

さらに、言葉だけでは不足があります。そこに**マネジャー自身の行動が伴わなければなりません。**マネジャー自身が率先して「安心安全をつくる」ための行動をとっていくことで、メンバーもマネジャーと同様の行動を自分にも取り入れるようになっていきます。具体的に、マネジャーがどのような行動をとればよいのかについては、本章の後半でご説明していきます。

これまでにもお伝えしてきたように、**「シェアド・リーダーシップな状態をつくり出すこと」**は、**「マネジャーのリーダーシップが不要であること」**を意味するものではありません。ここが理解するのに最も難しいところです。マネジャーは、「圧をかける」こととは異なる別の働きかけを、意図を持って行う必要があるのです。

逆説的になりますが、シェアド・リーダーシップなチームをつくるといっても、初期の段階ではマネジャーがチームに働きかける必要があります。なぜなら、第1章でも触れたように、一般に、多くの人は、「リーダーシップは、マネジャーなどの公式なリーダーが1人で発揮するもの」だと思っているからです。そんななかで、「みんなもリーダーシップを発揮してください！」といきなり促しても、メンバーはどのような行動をとっていいのか迷ってしまい、身動きがとれません。ですから、シェ

アド・リーダーシップな全員活躍チームをつくるためには、マネジャー
は段階的にチームに様々な働きかけを行っていく必要があるのです。そ
の最初が、チームに「安心安全をつくる」ことだというわけです。

　私たちが定性調査でインタビューをさせていただいたマネジャーの
方々は、チーム活動の初期段階から、例えば、次のような表現を用いて、
安心安全な場を重視することを明確に言葉にしてチーム全体に対して伝
えていました。

- ▶ 風通しがよく、かつ楽しく仕事ができる場
- ▶ 必要な人に誰でもいつでも相談できる場
- ▶ それぞれが悪い人間じゃないんだということを理解して、
  ラフにコミュニケーションをとれる場
- ▶ どのメンバーも気を遣うことなく互いに意見を言い合える場

　このように、表現は様々でしたが、それぞれのマネジャーの方たちは、
自分のチームに一番しっくりきて、メンバーに伝わりやすい表現を工夫
して考えていました。そして何よりも、チームで「安心安全をつくる」
ことを本気で実現したいと思っていることを、メンバーに真摯に伝える
ために、自らがそのための行動を率先して実行していました。

安心安全な場イコールぬるま湯ではない

　メンバー一人ひとりが持てる力を最大限に発揮できるようにするため
に、誰もが誰を恐れることもなく忌憚なく意見を言えるよう、会社全体
で取り組んでいる例があります。
　例えば、「チームワークあふれる社会を創る」という企業理念を掲げ
てグループウェアの開発・提供を行っているサイボウズ社も、こうした

企業の1つです。サイボウズの社長を務める青野慶久氏は、著書[76]のなかで、同社では、「公明正大」であることと、「自立：質問責任と説明責任」を大事にしていることを明言しています。

　ここでの、「公明正大」とは、「『公』に『明』らかになったとき、『正』しいと、『大』きな声で言えること」「シンプルにいうと嘘をつかないこと」だといいます。そして、「質問責任」とは、「自分が気になったことを質問する責任であり、自分の理想を伝える責任であり、その結果、自分の理想が叶わなかったとしても受け入れる責任である」と述べます。「説明責任」とは、「自分が行った意思決定について説明する責任であり、他のメンバーからの質問に答える責任であり、その結果、批判があっても受け入れる責任である」と説明します。

　青野氏がサイボウズで浸透を図っているこうした考え方は、心理的安全性のより深い特徴を示したものともいえます。**心理的安全性の高いチームというのは、単にぬるま湯のようなチーム、仲がいいだけのチーム、ではありません。**

　むしろ、心理的安全性が高いチームとは、メンバーの誰もが誰に対しても恐れや不安を感じることなく、「物事をよりよく進めるために」、アイデアや意見、質問、懸念を、率直に述べることができるチームです。サイボウズで重視している「公明正大」、「自立：質問責任と説明責任」は、会社として心理的安全性を重視することを明示しているとともに、「物事をよりよく進めるために」意見、質問を互いに率直にやりとりし、会社やチームで起きていることを他人事ではなく自分事として受け入れ、責任を持って行動する、ということも表しています。青野氏はこの2点を自らも実践し、社員にも求めているといいます。

76　青野慶久. (2015). チームのことだけ、考えた。―サイボウズはどのようにして「100人100通り」の働き方ができる会社になったか. ダイヤモンド社.

「チームで大事にしたいこと」は何度も繰り返し伝える

　「チームで大事にしたいこと」として、「安心安全をつくる」ことがチームに根付き、メンバーもそれを尊重した行動をとるようになるまでには時間がかかります。そのため、**マネジャーは「チームで大事にしたいこと」をメンバーがいつでも思い出せるよう、様々な形で繰り返し何度でも伝えていくことが重要です。**

　広告の分野で有名な AIDMA モデル[77]でも、消費者が製品やサービスの存在に気づき（Attention）、興味を持ち（Interest）、ほしい・利用したいという欲求が生じ（Desire）、そのことを記憶し、思い出すことで（Memory）、やっと、その製品やサービスを購買する行動に至る（Action）という流れを説明しています。

　チームの活動も同様です。「チームで大事にしたいこと」を一度伝えただけでは、チームに根付いてはいきません。メンバーが重要なこととして意識を払い、興味を持ち、やってみたいと思い、それを記憶にとどめて思い出し、実際に行動する…というところに至るまで、**マネジャーは、いわば「オルゴール」のように繰り返し繰り返し、メンバーに「チームで大事にしたいこと」を発信し続けていくことが必要です。**「チームで大事にしたいこと」として、「安心安全をつくる」ということを、何度もメンバーが目にし、興味を持ち、行動を試していくなかで、少しずつチームに安心安全の感覚が根付いていきます。

　実際に、私たちがインタビューをさせていただいたマネジャーの方たちは、「チームで大事にしたいこと」として「安心安全をつくる」ことをチームに根付かせるために、次のような工夫もしていました。

77　Hall, S. R.（1924）. Retail advertising and selling: Advertising, merchandise display, sales-planning, salesmanship, turnover and profit-figuring in modern retailing, including, principles of typography as applied to retail advertising. New York: McGraw-Hill.

> ▶ チーム活動の最初に文書にして配布する
>
> ▶ オンライン会議のチャットで毎回、最初に送信して共有する
>
> ▶ バーチャル背景に掲示する
>
> ▶ 会議の冒頭で、毎回、マネジャーから言及して確認する

　最近は、テレワークの普及で、チーム会議なども、全員または一部の人がオンラインで参加することが一般的になっています。オンラインでは注意が散漫になりがちです。そのため、マネジャーとしては「もう何度も伝えたから、さすがにみんなに伝わっているだろう」と思っていても、メンバーの記憶には全く残っていない、ということもあります。**「伝わっているはず」**だと思うことは、もれなく**「伝わっていない」**と思ったほうがいいでしょう。「自分の口にしたことは、ほとんど忘れ去られている」ことを前提に、腹をくくって、繰り返し繰り返し、伝える努力をしなくてはなりません。

　マネジャーの皆さんからすると「ちょっとしつこすぎるかな」と思う

①チーム活動の最初に、
　文書にして配布する

②オンライン会議の
　チャットで毎回、最初
　に送信して共有する

このチームでは
…を大事にします

④会議の冒頭で、毎回、
　マネジャーから
　言及して確認する

③バーチャル背景に
　掲示する

ぐらい伝えて、やっとメンバーに伝わる、というぐらいに思っておくといいでしょう。

心理的安全性を壊すきっかけに誰よりも注意を払う

このように、チーム内に「安心安全をつくる」こと、つまり、心理的安全性を育むことには一定の時間がかかります。その一方で、悲しいことに、心理的安全性は、ほんの小さなきっかけで、一瞬にして壊れてしまうこともあります。圧倒的に多いのは、マネジャーが、気づかぬうちにうっかり心理的安全性を損なう言動をとってしまうことです。皆さんは、悪気なく、**図表 STEP2-4** のような行動をとってしまっていることはないでしょうか？

マネジャーの言動は、本人が思っている以上にチームの心理的安全性に大きな影響を及ぼします。**図表 STEP2-4** のような行動をうっかりとっ

図表 STEP2-4 マネジャーのうっかり行動が心理的安全性を損なう例

・機嫌が悪いときに、苛立ちを表に出してしまう ・ミスや進捗の停滞について人前で叱責する		ミスる恐怖度 を高めてしまう
・メンバーの話を最後まで聞かずに、自分が口をはさむ ・提案に対して、面倒くさそうな態度で応じる		言い出せない度 を上げてしまう
・自分と気の合うメンバーばかりに意見を求めがち ・異議を示されると、不機嫌な表情になる		同調圧力度 を強めてしまう
・自分や大勢派と異なる意見はスルーする ・初歩的な質問をする人を軽んじる		リスク恐怖度 を高めてしまう
・「何でも相談して」といいながら、多忙で相談できない ・相談に対して、面倒そうな態度をとる		ヘルプ困難度 を上げてしまう
・人の悪評や告げ口を事実確認もせず信じてしまう ・顕著な活動をするメンバーを煙たがる		貶められる度 を感じさせてしまう
・特定の目立つメンバーばかりを褒めがち ・自分がよく知らない領域の成果に対しては、反応しない		認められない度 を高めてしまう

てしまったために、自分でも気づかぬうちに、チームの心理的安全性が大きく損なわれていた、ということがあります。よって、マネジャーは、チームの誰よりも心理的安全性を壊すきっかけに注意を払うことが必要です。そのためにも、マネジャーはSTEP 1で確認したように心身のメンテナンスを怠らず、冷静さや穏やかな表情を意識的に保つことが重要なのです。

だからこそ、チーム活動は、「いきなりはじめる」ではなく「イメトレしてはじめる」のです。活動を「イメトレしてはじめる」こと、チーム内に「安心安全をつくる」ことは、組織内での階層が上がっていくほど重要です。なぜなら、階層が上がっていくほどに、皆さんのちょっとした言動が、組織やチームに与える影響が大きくなっていくからです。

マネジャーの皆さんには、自分自身だけではなく、心理的安全性を壊すメンバーの言動にも注意を払うことが求められます。チーム内で相対的に強い立場の人から弱い立場の人に対して暴言や非礼があった際に、それを放置してしまうことは、マネジャーがそれを認めているというサインとして他のメンバーには受け取られます。**図表 STEP2-1 や図表 STEP2-4** の内容を参照し、定期的にチームメンバーとともに、チームや各自の行動を振り返る時間を持つのもおすすめです。

---

②全員が発言できる機会をつくる

チーム内に「安心安全をつくる」ことを「チームで大事にしたいこと」として、マネジャーがチームに対して明言したら、**次に取り組むことは、「全員が実際に発言できる機会（チャンス）をつくる」**ことです。チームの誰にとっても安心安全な場をつくっていくためには、全メンバーが「自分の発言は受け止めてもらえる」と実感できる機会を、何度もつく

る必要があります。

　特にチーム活動の初期には、カチカチの固い土を耕すようなイメージで、辛抱強くメンバーに発言を促し、それを丁寧に受け止める機会を何度も設けるようにします。先述したように、チームとしての集合知が高く成功しているチームでは、全てのメンバーが同程度の割合で話していることがわかっています。

　マネジャー、声の大きい人、年長者や社歴の長い人など、特定の人ばかりが発言しているような場は、誰にとっても安心安全な場とはいえません。また、全員が発言できているように見えても、実際には、相対的に強い立場の人に対して弱い立場の人が同調を示すだけになっているような場合は、やはり、誰にとっても安心安全な場とはいえません。

　このような話をすると、「自社では毎年、年度はじめに全員に抱負を語ってもらっている。だから、全員が発言できる機会はもうつくっている」とおっしゃる方がいます。企業によっては、年度はじめの会議やキックオフ会議などで、全員が「前年度の反省」を述べた後、「今期成し遂げたいこと」を抱負として宣言し、それにマネジャーや、ときには経営層がコメントする機会が持たれることがあります。これはメンバーの意欲を高めることを期待して、「全員が発言できる機会」を設けているわけなのですが、**図表 STEP2-5** のように、こうした機会では下から上への発言の後、上から下に指示やコメントを述べて終わるケースがほとんどです。これは、実質的には一方向のコミュニケーションとなっており、メンバーが「自分の発言を受け止めてもらえる」と十分に実感できるような機会になっているとはいえません。

　チームに「安心安全をつくる」ためには、立場の違いに関係なく、誰もが誰に対しても率直に発言でき、**図表 STEP2-6** のように対等なやりとりが行われることが理想です。そのためには、全員がただ発言するだ

「全員が発言できる機会」ではあっても「自分の発言を受け止めてもらえる」とは感じられないやりとり

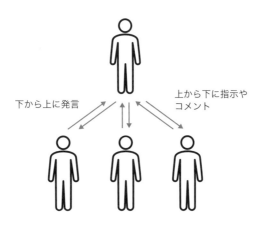

下から上に発言

上から下に指示やコメント

図表 STEP2-6 立場の違いに関係なく発言のラリーが続き全員が「自分の発言は受け止めてもらえる」と感じられるやりとり

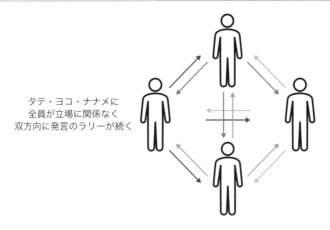

タテ・ヨコ・ナナメに全員が立場に関係なく双方向に発言のラリーが続く

けでなく、話した事柄についてキャッチボールのラリーが続き、全員が交流できる場をつくる必要があります。

　そのためには、例えば今、仮にAさんが発言したのなら、マネジャーはBさんに「いまの、Aさんの発言についてどう思う？」という風に、

発言権を渡していくことも重要です。ちょうど、**発言権というボールを持って、全員で丁寧にキャッチボールをするイメージ**です。

「Roll the Talk！（ロール・ザ・トーク）」で打ち解ける

　図表 STEP2-6 のようなやりとりがチーム内で生まれるようにするために、チームの初期段階に行うのにおすすめの方法があります。それが、私たちが考えた**「Roll the Talk！（ロール・ザ・トーク）」**という方法です。シェアド・リーダーシップな全員活躍チームを実現するためには、チーム活動の初期段階で、できるだけ早く安心安全な打ち解けた場をつくりたいところです。しかし、年度はじめの会議やキックオフの場は、どうしても堅苦しくなりがちです。みんながただ順番に昨年度の反省や今年度の抱負を述べるような形では、一人ひとりの話を順番に聞いているように見えても、実際には、各自が「自分の順番がきたときには何を、どう話そうか」ということで頭が一杯で、結局「他の人の話については何一つ覚えていない」ということになりがちです。

　せっかく多くの人が集まるチーム活動のキックオフの時間です。ここは、互いの理解が深まり、発言のラリーが続いて、この先のチーム活動が楽しみになるような、実り多い時間にしたいところです。そこでおすすめしたいのが、次に記す「Roll the Talk！」です。トーク（発言）の機会を回していくことから、このタイトルが付いています。

　「Roll the Talk！」の利点は、全員が平等に発言することができ、かつ、双方向の発言のラリーが続くことです。チーム活動の初期段階でこのように、全員が発言し、双方向の発言のラリーが続く機会を多く持つことで、多くのメンバーが「自分の発言を受け止めてもらえる」と実感することができ、チーム内で発言することへのハードルが下がってきます。

　また、このようなワークにしないまでも、毎回のミーティングの冒頭

トーク（発言）を回せ！
「Roll the talk！（ロール・ザ・トーク）」の進め方

［目的］

・発言のラリーが続く機会をつくり、立場の違いに関係なく誰もが
　発言しやすい場をつくる。

・お互いの理解を深める。

【準備】

・4人1グループでグループを編成する。

・図表 STEP2-7 を拡大コピーし、各グループに1枚ずつ用意する。

・オンラインの場合は各自の手元で見られるよう PDF などを事前
　に送信し、各自に印刷しておいてもらう。

【進め方】

（1）各グループ内でじゃんけんをする。勝った人が図表 STEP2-7
　　　のシートの上で、消しゴム（付箋をまるめた紙などでも可）を
　　　転がし、消しゴムが止まったセルのテーマをチーム内で共有する。

（2）テーマについて検討する時間を2分とり、まずは1人が2分
　　　でそのテーマについて話す。

（3）5分時間をとり、話し手が話した内容について他の3人のメ
　　　ンバーが話し手に質問し、話し手が回答する。

（4）同様の手順で同じテーマについて、チーム内の全員が話をし、
　　　他の人から質問を受けて回答することを繰り返す。

1テーマあたりの所要時間＝約30分

テーマについての（検討2分＋話す2分＋質疑応答5分）×4人

（5）消しゴムを転がした人の右隣の人が再度消しゴムを転がし、
　　　次のテーマで同様に進める。これを時間の幅に応じて繰り返す。

図表 STEP2-7 Roll the Talk！（ロール・ザ・トーク）シート

チーム外や社外で最近 会った素敵な人は？ どんな人？	あなたの仕事の仕方に 影響を与えた人は？	部署を異動して感じた （もしくは他部署に感じた） カルチャーギャップは？	就職先（転職先）に この会社を選んだ理由は？
一番尊敬している人は？ どんなところを 尊敬している？	仕事でのこれまでの 一番のしくじり経験は？	こんなチームは嫌だ！ はどんなチーム？	会社に入って感じた カルチャーギャップは？
自分の強みは？ 人の助けにも なれそうなことは？	苦手なことはどんなこと？ どんなことでは、仕事で 人の助けを借りたい？	これまでに一番自分が 成長できたチームは どんなチームだった？	仕事で一番やりがいを 感じるのはどんなとき？
仕事で一番達成感を 覚えた経験は？	仕事でがっかりするのは どんなとき？	チームで仕事をする喜び を感じたのはどんなとき？	仕事を通じて実現したい のはどんなこと？

に、これらの質問のいくつかをトークテーマとして全員が話し、その後にチーム活動について話すようにするのもいいでしょう。メンバーの人となりや仕事に対する想い、強み弱みを知ることができ、チーム内で安心安全な場がつくられやすくなります。

　人は誰しも様々な経験をして、それをもとに価値観や考え方を形成します。そして、そのレンズを通して世の中を見て、意見を発言します。

発言によって表に現れるものは、ごく一部でしかありません。発言の背後にある考え方、価値観、これまでの経験などが共有されると、チームでともに働く人々のことをより深く理解できるようになります。相手を理解できるようになると、相互に安心安全と思える関係を築きやすくなります。

皆がフラットに発言できているかに気を配る

　定例会議などでメンバーが集まる機会でも、マネジャーは皆がフラットに話しているかどうかに気を配り、話していない人や何か言いたそうな表情をしている人がいたら、できる限り、話を向けるように心がけます。マネジャーがそうした配慮を続けていると、他のメンバーも同様の行動をするようになっていきます。すると、徐々にチームメンバー間で他者の表情、感情への感受性が高まっていきます。

図表 STEP2-8　双方向の発言のラリーが続く機会をつくり
　　　　　　　相手の発言の背景にも目を向ける姿勢を養う

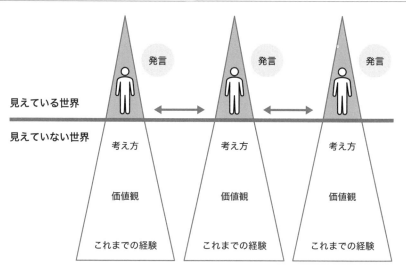

　繰り返しますが、シェアド・リーダーシップな全員活躍チームをつくるためには、チームが「誰にとっても安心安全な場」であることが大切です。特定のメンバーにとってのみ安心安全な場、では意味がありません。マネジャーが気をつけなければならないのは、チーム内に発言をためらっている人がいないか、配慮を怠らないことです。**皆さんのチームでは、職位や年齢が高い人、社歴が長い人にとってだけ安心安全な場になっていませんか？　フルタイムや正社員の人にとってだけ安心安全になっていませんか？　様々な属性を持つ人全てが話しやすい安心安全な場になっていますか？**　もし、これまであまりこうしたことを意識してこなかったという場合は、会議の議事録やオンライン会議ツールの文字起こし機能を活用して、チームの会議の様子を記録してみてください。長時間の会議の場合は、可能であれば、会議を文字起こしした内容を AI にかけて、各人の発言量を比較分析してみるとよいでしょう。発言者やその量に一定のパターンや偏りが発見できたときには、改善が必要です。

　特定の人のみに発言量が偏ると、その分、リーダーシップを発揮できる人にも偏りが生まれてきます。チーム内のエース的な存在の人ばかりがいつも話をしているチームでは、リーダーシップを発揮できるのも、そのエースばかりになっていきます。ですからマネジャーは、皆が集まる場では、なるべく全員が発言できているかに気を配り、話せていない人がいたら意識的に話を振るようにします。うまく自分の意見を口にできない人がいたら、極端な話、「Yes or No」で答えられるクローズド・クエスチョンで発言を促すことも一計です。「○○さんは、どちらかといえば A 案に近い？　それともどちらかといえば B 案に近い？」という風に問いをクローズド・クエスチョン化してあげれば、A か B のどちらかを表明するだけでも発言を促すことができます。最も大事なことは、チームの全員が口を開き、この場に「参加した感」を残すことです。

　ともかく、チームメンバーが集まる場の代表例は会議です。会議の運

営方法は、チームの心理的安全性に大きく影響します。会議のやり方を少し変えるだけで、劇的に皆が発言しやすくなることもあります。そのため、会議の運営方法については必ず定期的に見直すようにしましょう。注目すべき点は、「ファシリテーター」「発言順序」「席次」です。これらを**固定させない**ようにします。

例えば、いつも同じ人が会議の「ファシリテーター」をしていると、進め方に固定的なパターンが生まれます。つい、同じ人ばかりに話を向けて進めてしまったり、ファシリテーターを務める人ばかりが話をしてしまうということがあります。そのため、**思いきって会議のファシリテーターを順番に全員に任せる**のもおすすめです。ファシリテーションが不得手な人もいます。しかし、経験するうちに徐々に皆のスキルも上がっていきますし、また、「会議はみんなのもの」という意識が高まります。ファシリテーター役を務める人は、「全員が同じテーマについて話しているかどうかに気を配る」「しっかりと全員が話し合いに参加しているかどうかに常に気を配る」「論点がズレてしまったり、特定の人だけが話していたりする場合は、話の流れに介入する」などの最低限の注意事項を決めておくと進めやすくなるでしょう。不慣れな人がファシリテーションを務めるときには、サポート役も用意しておくと安心です。

次に、「発言順序」です。いつもチーム内でこの人が先に発言をし、次はこの人…など、発言をする人の順序が固定化すると、チーム内で序列を感じさせるようなこともあります。序列が意識されるような会議では、自由闊達に意見を出しにくくなります。そのため、**発言する人の順序は、毎回変える**といった工夫も重要です。そのほうが、メンバーも毎回、緊張感を持って会議に参加することができます。

序列を感じさせないという点では、「席次」も重要です。対面会議の際には、**階層や序列、参加者間の境界を感じさせるような配置はなるべく避け、ランダムに席を配置するようにしましょう**。職種別、部門別など、参加間の境界を感じさせる配置も、立場を背負った発言につながり

やすくなるため、できる限りバラバラになるように席次を工夫します。

　チームに安心安全をつくり、フラットな発言を促すためには、このように極力、階層や序列、参加者間の境界を感じさせるものを排除するよう心がけます。**全ての事柄に共通することは「固定化」させない。常に「動かす」。「変化をつくること」を習慣にしてしまう、ということです。**

メンバーと目線を合わせる

　誰にとっても安心安全な場をつくるためには、全員がフラットに話せるよう、マネジャーが、メンバーと「目線を合わせる」ことも重要です。マネジャーがメンバーと「目線を合わせる」ためには、マネジャーには、ある種の謙虚さが求められます。ここで求められる謙虚さとは、へりくだることや自分を卑下することを意味しません。ここで求められる謙虚さとは、

> ▶ 自分の長所、短所、得意、不得意を知り、正しい自己認識を持つこと
> ▶ アイデアやアドバイス、フィードバックを受け入れること
> ▶ メンバーの強みに注目すること
> ▶ メンバーから学ぶことにオープンであること
> ▶ メンバーの貢献を評価・強調すること

などを指します。

　マネジャーがこうした点で謙虚さを示し、メンバーと目線を合わせることは、階層的ではない平等な人間関係を尊重していることを態度で示すものです。マネジャーのこうした謙虚さは、リーダーシップを発揮しようとするメンバーに、「自分もリーダーシップを発揮してもいいのだ」という自信を与えます。また、マネジャーとメンバーとの関係が良好に

なるため、メンバーの意欲も引き出されやすくなります。

　実際にこうした点における**リーダーの謙虚さは、チームのシェアド・リーダーシップの水準を促進させることが、大学や複数の企業のチームを対象とした定量的な調査研究で実証されています**[78]。もちろん、こうした謙虚さは、メンバー側にも求められるものです。ですが、まずはマネジャーが率先して行動や態度で示すことが重要です。

　著者の中原が関わったある大手メーカーの研修では、シェアド・リーダーシップを促進する一環として、マネジャーが「しくじり先生」となって自らの失敗経験と教訓をメンバーに語る取り組みを行ったことがあります。

　マネジャーの立場にある人は、ついついメンバーに対して威厳を示そうと、仕事上の武勇伝や経歴上の自慢話などをしてしまうことがあります。マネジャーの経験を講演形式などで伝えようとすると、「失敗談を話す」という目的を忘れて、このようにマネジャーの過去の経験を武勇伝のように話してしまう可能性があったため、この研修ではメンバーと司会がマネジャーに質問をする形で行いました。こうしたセッションをチーム活動に組み入れることでも、マネジャーが、階層的ではない平等な人間関係を尊重していることがメンバーに伝わります。

78　Chiu, C. Y. C., Owens, B. P., & Tesluk, P. E. (2016). Initiating and utilizing shared leadership in teams: The role of leader humility, team proactive personality, and team performance capability. Journal of Applied Psychology, 101, 1705–1720.
　この調査では、リーダーの謙虚さが、チームのシェアド・リーダーシップを促進し、その結果、チームのパフォーマンスが高まることが明らかにされています。

③ 1on1で想いを引き出す

一人ひとりの想いを引き出し、受け止める

　チームを「誰にとっても安心安全な場」にするためには、マネジャーは、チームの全員が集まり、全員が発言できる機会を設けるのと同時に、**メンバー一人ひとりと話す機会を持つことも大切です**。マネジャーと各メンバーの1対1の場だから聞くことができる、想いを引き出す時間をつくるのです。

　昨今では、マネジャーとメンバーが1対1で話し合う1on1面談を定期的に行っている職場も多いかと思います。**シェアド・リーダーシップな全員活躍チームをつくっていくためには、こうした1on1の機会に、直近の業務を振り返るだけでなく、個人がやってみたいこと、得意なこと、キャリアの展望などの想いも引き出せるよう、個人そして未来にフォーカスした次のような質問を投げかけるようにします。**

> ▶ これからチャレンジしてみたいことはどんなこと？
> ▶ どういうキャリアを目指したい？
> ▶ 3年後に、どんな仕事をしていきたい？
> ▶ 何をしているときが楽しい？
> ▶ どんなチームにしていきたい？

　チーム活動の最初のタイミングでは、特にじっくりと一人ひとりから話を聞く時間を設けます。チーム活動の初期に一人ひとりの想いを聞いておくことで、各メンバーに合った形でのリーダーシップ発揮の機会につなげていくことができるからです。このように、**チームの初期段階での1on1の場で一人ひとりのメンバーから聞き取った内容は、STEP**

4で後述する「全員を主役化する」際の重要な情報源にもなります。この点については、またSTEP 4で詳しくお伝えします。

　チームの初期段階の1on1でメンバーから話を聞く際は、全身全霊で聞き、まずは無条件に受け止めるように心がけます。相手に体を向け、相槌など共感的な態度を示しながら、相手の話をまずは無条件に受け止めます。「無条件に受け止める」といっても、全面的に同意する、ということではありません。「一人ひとり持っている想いは違う」という前提で接することを心がけ、自分とは考えが違っていたとしても、まずは共感し、相手の想いを受け止めるのです。**自分の話をしっかりと受け止めてもらえると、メンバーは、「話してもいいんだ」という安心感を持てるようになります。**

　マネジャーがメンバーに問いかけ、想いを受け止めることは、様々な効果をもたらします。**図表STEP2-9**は、マネジャーによる問いかけや想いの受け止めといったメンバーに対する肯定的なコミュニケーションがもたらす効果を検証した研究結果です[79]。この研究は、1on1などの場面に限定したものではありませんが、マネジャーが、「メンバーの成果を褒め感謝を示す」「最後までメンバーの話を聴く」「メンバーに関心を持ち会話する」「褒めてから改善点を指摘する」など、メンバーをしっかりと受け止める働きかけをすると、メンバーもそれをきちんと認知していることがわかります。そして、マネジャーのこうした行動を認知すると、メンバーは、マネジャーに信頼、承認されていると感じ、自信や仕事への意欲、職場への肯定感を高めることがわかります。

　マネジャーの皆さんは、メンバーと接する際、「それは違う」とメンバー

79　上田敬. (2016). 上司の部下コンプリメントとその影響に関する研究. 経営行動科学, 29, 61–75. 民間企業3社を対象に行われた研究です。図は共分散構造分析という統計分析の結果を示しています。一部変数名は、一般の読者にわかりやすいよう表現を修正しています。

図表 STEP2-9 マネジャーの働きかけによるメンバーへの影響

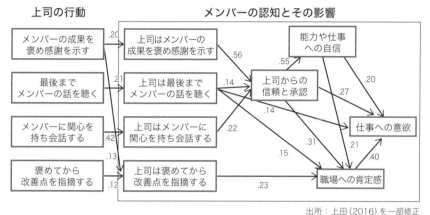

出所：上田（2016）を一部修正

▶ マネジャーからメンバーへの働きかけや想いの受け止めは、メンバーに様々な良い影響をもたらす。

【注】
・共分散構造分析の結果。
・数値（パス係数）は、影響の強さを示します。−は負の影響を、＋は正の影響を示します。
・数値は、標準化された推定値であり、因子間のパス、共分散のみを記載しています。
・上司の行動間のパスは省略し、変数名の表現は一般の読者にも理解しやすいよう、著者にて修正しています。

の発言の途中で口をはさみたく場面も多々あると思いますが、メンバーと自分の考えが違うと感じたら、まずは違いを新鮮に感じ、その違いを楽しむような心構えで聞いていきましょう。この段階で、相手の考えを否定したり、自分の考えに同調させようとしてはいけません。なぜなら、それぞれのメンバーの異なる想いは、各メンバーだからこそ発揮できる強みにつながる可能性があるからです。また、チーム活動の初期の段階で、メンバーがせっかく自分の想いを話してくれたのに、それを否定したり、他の考えに同調させようとしてしまっては、メンバーは、その後、二度と率直に自分の想いを話そうとは思わなくなってしまいます。

　各メンバーがそれぞれ持つキラリと光る想いや強みを見つけるつもりで、まずは耳を傾けましょう。この点については、後述する STEP 4「全

員を主役化する」の箇所でも詳しく触れていきます。

まずはマネジャーが胸襟を開く

　メンバーに想いを語ってもらうためには、日頃から、まずはマネジャーが自ら胸襟を開き、自分の想いや考え、得意、不得意、失敗談などを積極的にメンバーに共有し、話しやすい雰囲気をつくるよう心がけることも重要です。

　私たちが定性調査でインタビューをさせていただいたマネジャーの方たちの多くは、改まった１on１の場だけでなく、日頃の一人ひとりとのコミュニケーションの頻度や量もとても重視していました。そして、日頃から、メンバーに対して、自身の率直な想いや考え、その背景、さらに自分の失敗談などもフラットに伝えていました。マネジャーの想いや考えを普段から耳にし、マネジャーがそうした想いや考えを実現するために、ときには失敗しながらも励んでいることがわかると、「正直で信頼できる人物だ」と、メンバーのマネジャーに対する信頼も高まっていきます。

　自分の完璧ではない側面も含めて、何事も隠さずにメンバーに見せていくようにすることで、「マネジャーも自分たちと同じように悩んだり、失敗しながらいろいろなことに挑戦しようとしているのだ」と感じ、メンバーも胸襟を開いてくれるようになります。**マネジャーは、「万能で強い」という鎧を着るのではなく、「ありのままの姿」を見せることもチーム内の安心安全をつくることに役立ちます。**

　さて、皆さんのチームはいかがでしょうか？　皆さんのチームでは、誰にとっても安心安全な場が十分に築かれているでしょうか？　誰にとっても安心安全な場は、一朝一夕には築くことはできません。**まずは、マネジャーが、①「チームで大事にしたいこと」として「安心安全をつ**

164

くる」ことを最初に明言し、②全員が発言できる機会を多数設け、かつ
③1 on 1 でメンバーの想いを引き出す、ことを繰り返すことで、少し
ずつ築かれていきます。

　チーム活動の早い段階で、マネジャーが、しっかりと「安心安全をつ
くる」ための働きかけを行っておくと、その後、メンバーのリーダーシッ
プを引き出しやすくなり、チーム活動に弾みがついていきます。ですか
ら、少し手間はかかりますが、この STEP は、丁寧にしっかり取り組
むようにしてください。

第 4 章

STEP 3
ともに方針を描く

1 イメトレしてはじめる

2 安心安全をつくる

STEP

3 ともに方針を描く

4 全員を主役化する

5 境界を揺さぶる

シェアド・リーダーシップな全員活躍チームをつくるために、STEP 1「イメトレしてはじめる」では、チーム活動をはじめる前に、実現させたい少し未来の①事業・仕事、②チームメンバー像、③自分（能力、内面、時間配分）をセットでイメトレしておく重要性を説明しました。

　STEP 2「安心安全をつくる」では、イメトレしたチームづくりを実現させていく手はじめとして、誰にとっても安心安全な場づくりを丁寧に行い、メンバーがリーダーシップを発揮しやすい環境を整える必要性と方法を確認しました。ここからは、いよいよチームの本活動に入っていきます。

シェアド・リーダーシップなチームをつくるために STEP 3 で取り組むのは、チームメンバーと「ともに方針を描く」ことです。

　なぜ、チームメンバーと「ともに方針を描く」必要があり、そして、いかにそれを行うのかの詳細については、本章でこの後、詳しくご説明していきます。その前に、マネジャーの皆さんに今一度、確認していただきたいことがあります。それは、皆さんのチーム内の心理的安全性についてです。本章で説明する STEP 3「ともに方針を描く」プロセスへと進むためには、STEP 2 でチーム内に「安心安全をつくる」ことが完了していなければなりません。誰にとっても安心安全な場が築かれていなければ、チームの活動方針をメンバーとともに描こうと思っても、メンバーが忌憚のない意見を述べてくれることはないからです。ですから、STEP 3 に進む前に、STEP 2「安心安全をつくる」がしっかりと皆さんのチームでできているかを改めて確認してみてください。全てのメンバーが忌憚なく意見を述べ、ちょっとした気になることでも気軽にためらうことなく発言できる場はできているでしょうか？

　マネジャーの皆さんからは判断しにくいことでもあるので、率直に意見を言ってくれるメンバーに、個別の場で聞いてみてもよいでしょう。誰にとっても安心安全な場ができてきたな、と感じられるようになった

ら、本章の STEP 3に進みましょう。

上から下ろした方針では、メンバーは本気になれない

　皆さんは、チーム活動の方針をメンバーに示す際、写真に示したような伝え方をしていることはないでしょうか。写真では、上位の人から下位の人に向けて「導管（パイプ）」がつながっており、上から下に方針がポットンと落とされる様子を示しています。こうしたコミュニケーションのあり方を、ここでは**「導管モデル（transmission model）のコミュニケーション」**と呼ぶことにしましょう。このように、単にマネジャーが上から下へとポットンと導管モデルで落とした方針では、メンバーは、なかなか本気になれません。**本気になれない仕事では、メンバーは、自らリーダーシップを発揮してまでチームに貢献しよう、という気持ちにはなりません。**

　私たちが定性調査をさせていただいたマネジャーの方々の多くは、自分がつくった方針を**単に「上から下へ」と**ポットンとメンバーに下ろすのではなく、メンバーと、「ともに（現場なりの）チームとしての方針を描く」プロセスを組み込んでいました。ここでは、こうしたマネジャーとメンバーのやりとりを「ともに方針を描く」と呼ぶことにします。

導管モデル（transmission model）のコミュニケーション

「ともに方針を描く」ことに意味がある

　シェアド・リーダーシップな全員活躍チームでは、マネジャーが1人でチームの活動方針を描き、チームメンバーを率いてゴールを目指すのではありません。メンバー全員が、チームの活動方針づくりから参画し、相互にリーダーシップを発揮し合いながらゴールを目指します。**全てのメンバーがコミットできる方針を描くためには、メンバーと「ともに方針を描く」プロセスを組み込むことが必要なのです。自ら、方針を描くことに参加した感覚が持てるものだけが真摯に実行される可能性が高まるからです。**メンバーが当事者意識を持って、本気で仕事をするためには、自分たちの意見が反映され、**自分たちの意見をもとに方針がブラッシュアップ（磨き上げる）されるプロセスが必要なのです。**それが、一見どんなに遠回りに見えようともです。

　別の例で考えてみましょう。皆さんは仲間や家族と旅に出かける際、どのように旅程を決めているでしょうか？　誰か1人が全てのプランを決め、他のメンバーは付いていくだけ、という場合も全くないわけではありません。しかし、そういうケースは稀ではないか、と思うのです。誰かが提案した旅行先であっても、全員で候補となる目的地や、見たい景色、訪れたい場所、食べたい食事などの希望を出し合い、情報を共有し合って決めるという場合が多いのではないでしょうか。**チームで成果を出すための活動方針をつくることは、この「チームで旅のプランを決めること」にとてもよく似ています。**

　スピードを重視するのであれば、旅行のプランニングが得意な人が1人で決めるほうがスムーズでしょう。ですが、他のメンバーは目的地や経由地について調べていないので、参加態度がやや受け身になってしまったり、それぞれの希望とは異なるプランになってしまったりする可能性があります。また旅行先で、何らかのトラブルや思いがけないこと

に見舞われた場合、「この旅行を提案した1人」だけが責められる方向に行きがちです。

　一方、参加メンバー全員で意見や希望を出し合って旅行のプランニングをする場合はどうでしょう。もちろん、意見をまとめるためには時間も手間もかかります。ですが、うまくいけば、それぞれの希望を取り入れた満足度の高いプランになり、また、自分たちで調べ、計画することで楽しみが増し、主体的に参加するようになる、といった効果が期待できます。また想定外のトラブルに旅行先で見舞われた場合でも、プランニングの段階からメンバー全員で意見や希望を出し合った場合には、全ての人がトラブルへの対処案を出し合い、旅行を「楽しくする方向」に向けて貢献しようとするのではないでしょうか。もちろん、これはケースバイケースですので、旅のプランのあり方の良し悪しを一概に述べることはできません。

　ですが、少なくとも、**誰か1人が、あるいは旅行会社が考えた全てお任せのパッケージ旅行に参加するよりは、全員で一からプランを考えて手配した旅行のほうが、より主体的に旅をすることができる**、というのは誰もが共感できることではないでしょうか。

チーム活動の方針も旅のプランも、参画感が持てるからこそコミットできる

既述したように、シェアド・リーダーシップな全員活躍チームを目指す場合に、**STEP 3で取り組む「ともに方針を描く」プロセスは、こうした旅行のプランニングに似たところがあります。一緒に活動するメンバーが、方針づくりから関与し、納得する方針だからこそ、メンバーは、自らも最大限の貢献をし、自分がときには得意領域でリーダーシップを発揮しようと思うのです。**

　一般にチームの活動方針をつくることは、マネジャーの大事な役割の１つです。そのため、**責任感の強いマネジャーほど、方針づくりを自分１人だけで抱え込んでしまいがちです。**上（上司・経営層など）から山のように寄せられる様々な期待、チーム内外の関係者から寄せられる多くの要望に何とか応えようと、年度末や年度はじめは、連日深夜まで方針づくりのために机に向かっているマネジャーの皆さんも多いのではないでしょうか。ヒト、モノ、カネ、時間のリソースが余って余って仕方がない、というチームはほとんどないでしょうから、ほとんどのマネジャーの皆さんは、程度の差こそあれ、限られたリソースのなかで、いかに目標に到達できるかと頭を悩ませながら方針づくりに毎年取り組まれていることと思います。

　「方針づくりがマネジャーの腕の見せどころ」と、自分１人でそれを完璧にこなそうと臨む方もいます。ときには、マネジャーとしての自分の力量を周囲に誇示したいと肩に力が入り、実現できそうにない高い数値目標を闇雲に掲げてしまうケースなども見られます。しかし、序章でも確認した通り、課題や仕事が「複雑化」し、「少数化」への対応も求められ、メンバーの「多様化」により自分が持たない知識、スキル、経験を有するメンバーが多数いるなかでは、残念ながらマネジャー１人で方針づくりをいくら頑張っても、その精度はあまり高いものにはなっていきません。そして、マネジャー１人で方針づくりを行うことは、精度が低くなるだけでなく、旅行のプランと同様に、メンバーの関わりを受

け身的なものにしてしまうというデメリットもあります。マネジャー1
人でつくった方針を「分散化」した職場で遂行しようとしても、メンバー
の本気を引き出すのは、かなり難しくなります。メンバーが本気で方針
の遂行に取り組んでくれなければ、マネジャーの「多忙化」はさらに増
すばかりです。

　チームで扱う課題がどんどん複雑化していくなか、シェアド・リーダー
シップな全員活躍チームで対応していきたいと思うならば、メンバーと
「ともに方針を描く」プロセスを組み入れることが重要です。
　この点については、徐々に現場のマネジャーの方々の意識も最近では
高まっているようです。特に、前例踏襲では対応できない仕事に対峙し
ているマネジャーの皆さんは、メンバーの意見を取り入れる重要性を高
く認識しています。**私たちが行った独自定量調査では、「周囲や部下と
対話をしながら仕事を進めていく必要性を感じることが増えた」と回答
したマネジャーの割合は、前例踏襲では対応できない課題や仕事が増え
ているマネジャーにおいては、実に89.6%にも上りました。**前例踏襲
では対応できない課題や仕事が増えていない群と比べると約2倍の差で
す。今の時点では、前例踏襲で対応できている職場も、今後はそれが徐々
に難しくなっていくことが見込まれるため、メンバーと対話をしながら
仕事を進めていく必要性を感じるマネジャーは、今後ますます増えてい
くことでしょう。
　前述したように、私たちが定性調査でインタビューをさせていただい
たシェアド・リーダーシップな全員活躍チームを実現している**マネ
ジャーの方々の多くも、メンバーとの対話の必要性を強く感じており、
チームの活動方針づくりの段階からメンバーと対話を重ねていました。**

　では、メンバーと「ともに方針を描く」プロセスは、具体的にはどの
ように進めていけばよいのでしょうか。以下では、私たちが行った調査

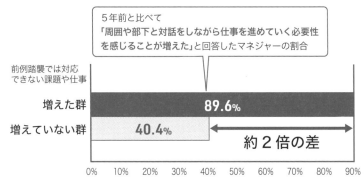

5年前と比べて
「周囲や部下と対話をしながら仕事を進めていく必要性
を感じることが増えた」と回答したマネジャーの割合

前例踏襲では対応
できない課題や仕事

増えた群　89.6%

増えていない群　40.4%

約2倍の差

0%　10%　20%　30%　40%　50%　60%　70%　80%　90%

(n = 548)
※「とても当てはまる」「やや当てはまる」を合計した割合
出所：堀尾志保・中原淳 (2023a)

▶ 前例踏襲では対応できない課題や仕事が増えたと感じている課長のほとんど
　が、周囲や部下と「対話をしながら仕事を進めていく必要性」を感じている。

に加え、良いチームづくりにまつわる様々な他の研究知見も随所に取り
入れながら具体的な手順をご説明していきます。

「少し未来の目標」から定性・定量の両面で対話する

「少し未来の目標」から方針を検討する

　再び、旅行のプランニングの場合で考えてみましょう。旅行をプランニングする際、皆さんは、はじめに「目的地」を決め、続いて立ち寄りたい「経由地」を話し合いながら決めていくのではないでしょうか。「経由地」から旅程を考える、というケースもないとはいえませんが、やはり大切なのは最終的に目指したい「目的地」です。

図表 STEP3-2 チーム活動の方針と旅行のプランニング

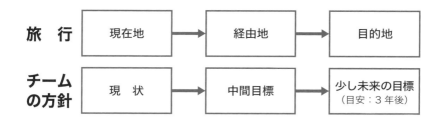

　チームの活動方針づくりでも同様です。まずは目的地となる「少し未来の目標」を決め、その途中の経由地である「中間目標」を設定していく順で、方針を描きます。STEP 1「イメトレしてはじめる」では、**図表 STEP1-6**で少し未来の①事業・仕事、②チームメンバー像、③自分について、イメージしました。シートに皆さんが記入した内容のうち「少し未来」の①事業・仕事の欄に記入した内容が、ここでいう「少し未来の目標」を設定する材料になります。

　「少し未来の目標」は、イメージはできるけれど近すぎない少し未来に設定します。一般的な企業で考えると、上層部から戦略や定量目標として提示される内容は、中期経営計画など、3年程度先を見据えたものとなることが多いのではないでしょうか。最近では、既存の延長線上の発想から脱却するために10年ぐらい先の未来までをいったん想定し、そこから逆算して3年先、1年先の目標を検討していくケースも増えています。もちろん10年先までを展望し、逆算して発想をすることも問題ありません。そうしたアプローチをとる場合も具体的な目標に落とし込んでいく際には、3年程度先までをまずは照準とすることが多いでしょう。

　3年程度先の「少し未来の目標」を見据えたうえでチームの方針づくりを行っていくと、「では2年後、1年後までにどこまでたどり着く必

要があるだろうか」と、目指すべき中間目標がクリアになります。また、3年先を見据えると「別の方法も検討する必要があるのではないか？」といったように、近視眼的な思考の枠を、少し外して考えられるようになります。「（3年程度の）少し未来の目標」を目的地として、メンバーとともに方針を考えていけば、経由地である「1年後の目標」もメンバーと認識を合わせやすくなります。

「チーム活動のはじめに、（3年程度の）少し未来の目標を示すことは、組織として当然のことだし、これまでもやってきた」と思われた方もいるかもしれません。しかし、残念ながらこれが意外とできていないことも多いものです。というのも、メンバーに対しては日頃から、今期の目標は「売上○円」「粗利○円」「契約数○件」「商品開発数○件」など、短期的な定量目標ばかりを強調しているため、あたかもそうした**中間目標にたどり着くことだけが目的**であるかのように、**メンバーに伝わってしまっているケースが少なくない**からです。

これは、旅に例えると、最終的な目的地を示すことなく、経由地だけを一方的に告げて、メンバーを車や電車に乗せているようなものです。最終の目的地としてどこを目指すのかがわからないメンバーは、全てお任せのパッケージ旅行に参加して、次に行く経由地しか知らされていないような状態なので、旅に対する主体的な意識を持つことができません。すると、当然ながら経由地に到達するために、自らリーダーシップを発揮してまで旅路を充実させようという気持ちが湧いてくることもありません。

「少し未来の目標」を定性・定量の両面で検討する

メンバーと「ともに方針を描く」際には、少し未来から考えるだけで

なく、これを定性・定量の両面から考えることも必要です。

　例えば、子供向けに事業を展開しているアパレルメーカーのチームを例にとって考えてみましょう。マネジャーとしては、今後ますます進む少子化を視野に、少し未来の目標までを思い描いていたとします。メンバーにも大まかには少し未来の展望を伝えたものの、強調して伝えているのは、直近の1年後の目標である「前年比で売上○％UP」という数値目標ばかりということがあります。マネジャーは説明したつもりでも、なぜ「前年比で売上○％UP」を目指さなければならないのか、その数字がどこから来たのか、メンバーが「その先」や「目標の背景」を十分に理解できていないと、メンバーは納得感を持てません。また、その数字を目指すことの意義もあまり感じられないため、メンバーの関与はどうしても受け身的なものになります。

　しかし、マネジャーが、自身が見据えている少し未来について、より具体的に定性・定量の両面でメンバーとイメージを共有しているとどうでしょうか。例えば、

「今後ますます少子化が進むとともに、共働きで多忙な世帯が増える。こうした未来を見据えて、3年後には他社とのコラボレーションによって、自社の衣類に加えて、書籍、習い事、クリニック、託児所など、子供向けの商品やサービスが総合的に集まった店舗をつくる必要性を感じている。それによって、3年後には相乗効果での売上○％増を実現するとともに、子を持つ親がワンストップで複数の用事を済ませられる場を実現したい。だから、その投資資金を確保するためにも、今期は、前年比で売上○％UPを目指したいと考えている」

といった具合です。**直近の定量的目標だけではなく、少し未来を見据えたうえで定性的、定量的な目指す姿を一緒に仮案として提示する**のです。

177

　この案が絶対のものではないとしても、少し未来の少子化を見据えた今後の展望を、定性・定量の両面で合わせて示されれば、メンバーは、「少子化の流れのなか、既存の商品の売上増を単純に目指すだけでは先行きが厳しそうだ」ということや、「より厳しくなる将来に備えて、将来への投資ができるよう1年後までには売上前年比〇％UPは必ず達成しておかなければならない」など、より納得感を持ってチームの方針を理解でき、また自らも新しい可能性を提案して、方針をより充実させたいという意欲が湧いてくるのではないでしょうか。

　このように方針づくりの際には、少し未来の展望をメンバーとしっかりと共有することに加え、短期の定量的目標だけでなく、チームがどのような状態になっていたいか、定性・定量の両面で少し未来の目標から設定することが重要です。

　人は、数字だけを示されても、そこに意義や意味は見いだしにくいものです。「何のために、どのような状態になることを目指すのか」という意義、意味を感じられてこそ本気になります。

　方針づくりでは、このようにしてマネジャーがまずは少し未来から定性・定量の両面での目標を含む「仮案」を示します。このとき、それを

絶対のものとするのではなく、メンバーとともにつくり込んでいくプロセスを組み入れることが重要です。そこで、ここからは、マネジャーがメンバーと「ともに方針を描く」際の4つのポイントをご説明していきます。

---

① 仮案：方針の仮案は修正を前提につくる
② 対話：対話を重ねて共通認識のレベルを高める
③ 整理：対話で得た情報を放置しない
④ 決定：決定の経緯と根拠を丁寧に説明する

---

①仮案：方針の仮案は修正を前提につくる

　メンバーと「ともに方針を描く」にあたっては、マネジャーが1人で作成した方針を決定済みのものとしてメンバーに一方的に伝達するのではなく、マネジャーが作成した方針の「仮案」について、メンバーと「対話」し、対話での内容を「整理」して、「決定」するという流れで進めていきます。「仮案」→「対話」→「整理」の部分については、2～3サイクルを回す前提で、じっくりと時間をかけて行っていきます。

　まずは方針の仮案づくりです。最初のたたき台となる仮案づくりは、マネジャーが行います。仮案といっても、マネジャーはつい、精緻なものをつくり込もうとしてしまいがちです。中途半端なものをメンバーに示してメンバーを混乱させてしまうことがないように、との配慮や責任感から、きれいな形にまとまってからメンバーに伝えようとするマネジャーが多いのです。しかし、最初から細かくつくり込むことは控えましょう。むしろ、メンバーとの検討段階でどんどん修正できるよう、極

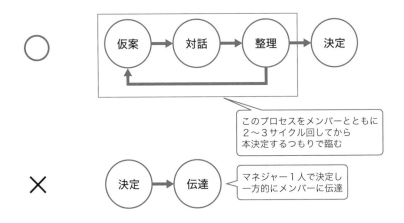

このプロセスをメンバーとともに
2〜3サイクル回してから
本決定するつもりで臨む

マネジャー1人で決定し
一方的にメンバーに伝達

力、変更の余地を残し、まずは大まかな方針を示すものにとどめるようにします。

　大まかなものとはいえ、チームの活動方針の仮案づくりは簡単ではなく、ある程度の時間がかかります。上（上司・経営層など）やチーム外の関係者とのすり合わせが必要だからです。マネジャー本人は、上や横とのすり合わせをしている間、忙しくてメンバーの気持ちにまで思い至らないことが多くなります。しかし、実は、この方針の仮案が示されるまでの期間、メンバーは様々な不安を覚えるものです。メンバーにとっては、上（上司・経営層など）やチーム外の関係者からマネジャーに何が伝えられているのか、それをもとに今マネジャーはどんなことを考えているのか、といったことが全くわからないまま待つことになるからです。待っている間は、メンバーは先行きを見通せないので、不安になります。

　この間は、マネジャーにとっても、自身が用意した方針の仮案がメンバーにどう受け止められるか、不安を抱えている期間でもあります。だからこそ、マネジャーはメンバーに反論されないような精緻な方針をつ

くり込もうとしてしまいがちです。

　メンバー、マネジャー両方の不安を解消し、ともに満足できる方針を
つくるためには、方針の仮案をまとめるまでの間、マネジャーはそのプ
ロセスをできる限りメンバーに公開し、共有するようにします。仮案が
決まるまでの過程を、少しずつでもメンバーと共有することで、メンバー
の不安を軽減させることができ、また、チームの今後の活動についてマ
ネジャーが知っておくべき情報があればそれをマネジャーに伝えようと
いうメンバーの動きにもつながるからです。そのほうが活動方針の仮案
への理解も深まり、その後、チーム内で方針を本検討する際も進めやす
くなります。

　映画などでも壮大な完成版をいきなり見るよりも、事前に予告編やメ
イキング場面を目にする機会があると、さらに先を見たいと作品への思
い入れが高まることはないでしょうか。最近は歌手などのアーティスト
を輩出するプロジェクトなどでも、オーディションの段階から一般に公
開し、選ばれた人材が育っていく過程を見せる取り組みがよく行われて
います。これは、過程を公開することで、見ている人がそのプロジェク
トに自ら伴走しているかのように感情移入することができるからです。

　**チーム活動でも同じことがいえます。実際、シェアド・リーダーシッ
プなチームを実現しているマネジャーの方たちの多くは、方針の仮案が
決まるまでの過程をできる限りメンバーに公開していただけでなく、上
（上司・経営層など）やチーム外の関係者との方向性の打ち合わせに、
極力メンバーを同席させるようにもしていました。**

　もちろん、上（上司・経営層など）やチーム外の関係者の意向もある
ため、毎回メンバーを同席させるのは難しいこともあります。そうした
場合であっても、私たちがインタビューさせていただいたマネジャーの
方たちの多くは、上（上司・経営層など）やチーム外の関係者とのやり

とりで交わされた内容をなるべくタイムラグなく公開し、仮案が決まるまでの過程を共有するようにしていました。**このように方針の仮案ができるまでの過程をその都度メンバーと共有することで、メンバーはどのような経緯で活動方針の仮案ができたのか、マネジャーに近い水準で理解し、方針に、よりコミットすることができるようになります。**

　私たちがインタビューさせていただいたあるマネジャーの方は、次のように話されていました。

> 意識して行っていることは、（中略）*チームのミッションやビジョンをチームメンバーと議論しながら言葉にしていくこと*です。方針を上から下りてくるものだと捉えてしまうと、他人事になってしまう。*自分たちのチームだからこそできる価値づけを皆で考えるとメンバーの自発性が大きく変わってきます。*

　ここで、「チームメンバーと議論しながら言葉にしていく」と語られていることからもわかるように、チームのミッションやビジョンといった**方針は、完成する前の途中段階からメンバーにも共有し、メンバーとともに言葉にしていくプロセスを組み入れることが重要**です。上から示された方針に対して、メンバー皆で、自分たちだからこその価値づけをし、想いを共有できる方針にしていかないと、メンバーは、活動に真にコミットすることはできません。戦略や方針を導管モデルで、上から下へと単にポットンと下ろすのは時間と手間はかかりません。ですが、その分、メンバーから引き出せる力や貢献はうんと少なくなります。そのため、時間と手間がかかっても、タイムリーにメンバーと情報を共有し、ともに方針を形にしていくプロセスを経ることが大事なのです。

会社全体で情報格差を排除する星野リゾート

　こうしたタイムラグのない情報共有を会社全体で取り組んでいる例もあります。フラットな組織文化を重視した経営を行っていることが知られているホテル運営会社の星野リゾート代表の星野佳路氏は、組織やチームにとって重要な決定をする際、**メンバーとの間に、情報格差を極力排除することの重要性**について、次のように語っています[80]。

> 人は自分の持っている情報によって物事を判断する。当然、多くの情報を持っている人が、より的確な判断を下せる可能性が高まる。しかし、ともすれば各人の情報量の多寡が、優劣や上下関係を生む温床にもなる。フラットな組織文化を目指すには、それは避けるべきだ。（中略）多くの会社では、経営側には判断できることが、現場のスタッフには判断できないということが多い。それは情報量に差があるからで、多くの情報を持っている経営側のほうが、的確な判断ができるのは当然です。現場のスタッフにも正しい判断をしてもらうためには、情報量を均一にすることがとても大切です。フラットな組織文化の構築は、そういうところから始まります。

　シェアド・リーダーシップな全員活躍チームを実現しているマネジャーや星野リゾート代表の星野氏のこうした声からも、メンバーとタイムリーに情報を共有することが、いかに重要かがわかります。

マネジャーの仮案は5〜6割出来を目安につくる

　メンバーに情報共有を行いながらチームの活動方針の仮案ができたら、マネジャーは仮案を全メンバーに改めて示します。その際、ここでマネジャーが示した案は、メンバーとともに検討し、修正することを前提とした仮案であることをしっかりと伝えるようにします。もちろん、上（上司・経営層など）から示された戦略、あるいは定量目標は、ほぼ変更の余地がないことも多いものです。そうした変えられない部分はしっかりと明示しつつも、チームが独自に目指す目標については、メンバーと一緒に検討していきたいという意向をしっかりと伝えます。例えば、「**これはあくまでたたき台です。ぜひ、皆さんから、いろいろな意見や視点をいただいていて、ブラッシュアップしていきたい。**」といったことを伝えるといいでしょう。

　この段階でマネジャーが精緻に10割つくり込んだ案を示してしまうと、メンバーは、「どうせ自分が口をはさんでもマネジャーは修正する気はないのだろうな」「これに修正案を伝えると嫌な顔をされるだろうな」など、マネジャーの案を、少し距離を置いて見てしまうものです。ですから、まずは5〜6割の出来を目安に、この段階で、「こんなこと考えているんだけど、どう思う？」と、メンバーが意見や情報を出しやすい形で示すようにします。

　とはいっても、ここで、**全くマネジャーがノープランで全てをメンバーに委ねてしまうと、メンバーとしては丸投げされたように感じます。**あまりに準備なく臨んでしまうと、「それはマネジャーの仕事では…」とメンバーの不満がたまってしまいかねません。**あくまでもマネジャー自身の仮案は考えたうえで、つくり込みすぎず、早い段階からメンバーの話を聞く機会を設けること**が重要です。

　先述したように、方針の仮案を検討するときには、STEP 1の図表STEP1-6で検討した、少し未来の①事業・仕事の欄にメモした内容も

参照します。これらの内容をもとに、方針の仮案には次の点などを整理します。

> ▶ 自社や自分たちのチームの「らしさ、強み」
> ▶「制約条件」
> ▶ 少し未来に目指したい状態の「定性的なイメージ」と「定量的目標」
> ▶「提供価値」
> ▶ 短期の「定性的目標」と「定量的目標」
> ▶「現状とのギャップ」

　自分たちの「らしさ、強み」と「制約条件」を踏まえたうえで、少し未来に目指したい状態の「定性的なイメージ」「定量的目標」を描き、そこにどんな「提供価値」があるのかといった点について、マネジャーとしての仮案を示します。これらを示したうえで、はじめて、短期の「定性的目標」と「定量的目標」、「現状とのギャップ」を記します。繰り返しますが、ここでは精緻につくり込んだものでなく、箇条書きぐらいのラフなものにとどめます。

マネジャーの案を10割つくり込んで提示する場合

こうしてこうして
こうしようと思います

つまんないな…

今日の
夕ご飯は…

マネジャーの案を5〜6割出来の段階で提示して意見を求める場合

こんな風に
考えているんだけど？

「そういえば、
先日お客さんから…！」「こんなことしたいです！」

マネジャーがノープランの場合

上から
言われたんだ
けど誰か計画
まとめてみて…？

「マネジャーの仕事では…」

「また丸投げか…」

図表 STEP3-5 方針の仮案づくりのポイント

	○	×
仮案で示す内容	・自社や自チームの「らしさ、強み」 ・「制約条件」 ・少し未来に目指したい状態の 　「定性的なイメージ」と「定量的目標」 ・「提供価値」 ・短期の「定性的目標」と「定量的目標」 ・「現状とのギャップ」	「1年後の定量目標」のみ
仮案を示すまでの流れ	公開	非公開
前提	修正ありき	マネジャーの決め打ち

②対話：対話を重ねて共通認識のレベルを高める

対話は共通認識を高める「手段」であり、「目的」ではない

　マネジャーが、チームの活動方針の仮案を示した後は、仮案について
チームでの対話の時間を持ち、検討していきます。**対話とは、「2人以
上の人が、互いが持つ認識や考えを持ち寄ること」**です。シェアド・リー
ダーシップな全員活躍チームをつくるためには、マネジャーだけでなく
メンバーも各領域でリーダーシップを発揮していくことになります。そ
のためには、**マネジャーと各メンバーが、何が重要で、誰と、何を、ど
のように実行すべきかといった点について共通認識を深める必要があり
ます。短期的な定量目標だけを共有していても、こうした点について共
通認識のレベルを高めていかなければ、各自がせっかく強みを活かして
リーダーシップを発揮したとしても、バラバラの活動になってしまいか
ねません。**対話は、こうした共通認識のレベルを高めていくための強力

な「手段」となります。

　このようにチームメンバー間で仕事について持つ共通認識を、「共有メンタルモデル（shared mental model）」と呼びます。共有メンタルモデルは、チームメンバー間で、仕事に関連する課題、知識、手続きや他者との関係などのイメージを共有している程度を指します。**共有メンタルモデルのレベルが高いチーム、つまり、仕事についてより多くの共通認識やイメージを持つことができているチームは、チーム活動のプロセスがスムーズに進み、チームの成果が高くなることが、数多くの研究で実証されています**[81]。日本で行われた研究でも、チームの共有メンタルモデルができているほどチーム成果も高いという関連があることが明らかにされています[82]。

　チームの成果を高めるためには、チームやチーム活動に関する共通認識（＝共有メンタルモデル）のレベルをチーム内で高めることが重要であり、対話はそのための有効な「手段」となります。**単に対話をする機会を多く持てばいい、というわけではありません**。対話はあくまでも共通認識（＝共有メンタルモデル）を高めるための「手段」であり、「目的」ではないからです。

　それがよくわかる研究結果があります。**図表STEP3-6**を見てください。九州大学の研究者らによるこの研究では、「共有メンタルモデル」のレベルがすでに高い場合（図の実線）は、「チームの対話量」が多くても

81　共有メンタルモデルとチームの成果との関連を検証している研究には、例えば以下のものがあります。
　▶ Mathieu, J. E., Heffner, T. S., Goodwin, G. F., Salas, E., & Cannon-Bowers, J. A. (2000). The influence of shared mental models on team process and performance. Journal of Applied Psychology, 85, 273-283.
　▶ DeChurch L. A., & Mesmer-Magnus, J. R. (2010). Measuring shared team mental models: A meta-analysis. Group Dynamics: Theory, Research, & Practice, 14, 1-14.
82　池田浩（2012）チーム・メンタルモデルおよびチーム・パフォーマンスを規定する要因に関する検討―チーム力およびチーム・リーダーシップの効果．福岡大学人文論叢, 44, 293-309.
　この研究では、「共有メンタルモデル」を「チーム・メンタルモデル」として表現しています。

図表 STEP3-6 「目標売上達成度」に対する「チームの対話量」と「共有メンタルモデル」の影響

出所：秋保ほか（2016）をもとに表現などを一部修正

▶「共有メンタルモデル」がすでに高い場合は、「チームの対話量」は、「目標売上達成度」に影響しない。

▶「共有メンタルモデル」が低い場合は、「チームの対話量」が多いと、「目標売上達成度」を向上させる。

少なくても、チームの「目標売上達成度」は高く維持されています[83]。一方で、「共有メンタルモデル」のレベルが低い場合（図の点線）には、「チームの対話量」が多くなることでチームの「目標売上達成度」が上がるという関係があることが明らかにされています。

　つまり、ただ仲良く話をする、対話をする、ということ自体が重要なのではなく、対話を通じて、チーム内でチーム活動に対する共通認識（＝共有メンタルモデル）のレベルを高めていく、ということが成果を出すためには重要だというわけです。チーム活動の初期に、チームやチーム

83　秋保亮太・縄田健悟・中里陽子・菊地梓・長池和代・山口裕幸．（2016）．メンタルモデルを共有しているチームは対話せずとも成果を挙げる―共有メンタルモデルとチーム・ダイアログがチーム・パフォーマンスへ及ぼす効果．実験社会心理学研究，55, 101-109.
　　この研究では、「共有メンタルモデル」を「メンタルモデル共有度」、「チームでの対話量」を「チーム・ダイアログ」として表現しています。「共有メンタルモデル」は、チームで取り組むべき事項（商品の高品質化、コスト削減、積極的な宣伝など）の優先順位の一致度で測定しています。

活動の共通認識（＝共有メンタルモデル）のレベルを高めておくことができれば、より高いチーム成果の創出が期待できます。

丁寧な対話による共通認識の引き上げ方

　では、どうすればチーム内でチーム活動に対する共通認識（＝共有メンタルモデル）のレベルを高めることができるのでしょうか。そのために肝となるのが、**チームの活動方針についての丁寧な対話**です。チーム活動の初期段階から方針についてメンバーと丁寧に対話を重ねることで、チーム内の共通認識（＝共有メンタルモデル）のレベルが高まっていきます。

　チームの活動方針についての対話を行う際に大切なのは、マネジャー、チームメンバーともに、自身の認識、考え、持っている情報などを最大限共有することです。対話とは、「２人以上の人が、互いが持つ認識や考えを持ち寄ること」でした。まずはチーム活動の仮案に対して、マネジャー、メンバーそれぞれが持っている認識や考え、情報を全て出しきり、それらについてチーム全体で検討していきます。最終的にはマネジャーが一定の落としどころを見いだしていくことになりますが、その前段階では対話のプロセスが欠かせません。**対話を進めていく際には、①対話する内容の順序、②対話するテーマの区切り、③発言への対応の３点に留意します。**以下、順に説明します。

》①対話する内容の順序
　マネジャーの方針の仮案では、次の点を示すことは先述した通りです。

> ▶ 自社や自分たちのチームの「らしさ、強み」
> ▶「制約条件」
> ▶ 少し未来に目指したい状態の「定性的なイメージ」と「定量的目標」
> ▶「提供価値」
> ▶ 短期の「定性的目標」と「定量的目標」
> ▶「現状とのギャップ」

　これらについて、チームメンバーにもそれぞれの認識、考え、持っている情報を全て出しきってもらうようにします。それぞれの認識、考え、持っている情報を出し合い、**対話を進めていく際には、上の項目から順に行います。つまり、自社や自分たちのチームの「らしさ、強み」と「制約条件」から検討していきます。**方針についての対話を進める際によくやってしまうのが、短期の「定量的目標」と「現状とのギャップ」から話をはじめてしまうことです。

　　「○○円の売上目標、○点の商品開発目標が必達のところ、現状は△△円の売り上げ、△点の商品開発しかできていない。このギャップを埋めるには…」

といった具合にです。このように、数字だけの話や自分たちに欠けているところから話をスタートすると、メンバーのモチベーションはなかなか高まりません。チームの雰囲気もスタート時点から暗いものになりがちです。そのため、**まずは、自社や自分たちチームの「らしさ、強み」といったポジティブなテーマから話を進め、自分たちならやれそうだ、何かできそうだ、という雰囲気づくりを先に行うことが肝要です。**

　とはいっても、絵に描いたようなフワフワした内容になっては、実現性が乏しくなります。そこで、「らしさ、強み」について対話した後は、「制約条件」など、以降の項目についてもきちんと押さえておきます。

》②対話するテーマの区切り

　2つ目の留意点は、**対話をするテーマを1つずつ区切って話していく
こと**です。マネジャーが示した仮案について、一度に全ての内容につい
て対話をしようとすると、話があちこちに拡散してしまい、メンバー同
士の話がかみ合わず、結局何も決まらないまま時間が終わってしまうと
いうことが往々にしてあります。時間を区切って、できれば、画面上や
ホワイトボードに、今、何のテーマについて話しているかを全員が見え
る状態で、1テーマずつ話を進めます。話題がテーマから逸れた場合に
は、明示したテーマに言及し、対話の方向をテーマに即した流れに戻す
ようにします。

》③発言への対応

　3つ目の留意点は、**マネジャーは、良し悪しの判断をいったん保留し、
まずはメンバーから示される認識や考え、情報を全ていったん受容する、
ということです**。この「いったん保留」と「いったん受容」というのは、
マネジャーにとって最も重要な行動です。

　マネジャーの認識や考えが常に正解であるとは限りません。そのため、
メンバーから寄せられる内容がどのようなものであっても、いったんは
それを受け入れ、認識や考え、情報を寄せてくれたことにまずは感謝を
示します。

　長い業務経験を有するマネジャーとしては、即座に反論したくなるこ
とも多々あるかもしれません。ですが、この場はマネジャーが示した仮
案を実行するようメンバーに強いる場ではありません。マネジャーの皆
さんからするとあまり望ましくないと思われる意見や的外れと思われる
ような情報であっても、まずは、いったん全てを同等に扱い、テーブル
の上に並べていくようにします。受容＝決定ではありません。まずは、
メンバーから発せられる認識、考え、情報をテーブルの上に、いったん
同等に並べていきます。

　メンバーがせっかく自分の認識や考え、情報を述べてくれたのに、発言を取り上げずに無視したり、はなから「それはどうかな」と相手を否定したり、「これはこうだから」と自分の正当性を主張したりする態度で臨むと、メンバーはそれ以降、自分の率直な意見を述べようとは思わなくなってしまいます。また、マネジャーがこの段階から良し悪しの判断をしてしまうと、メンバーは方針づくりに「参画」するのではなく、マネジャーの意見に「服従」する無難な受け答えをしたり、マネジャーに答えを求めるような態度をとるようになっていきます。ですから、この段階では、マネジャーの皆さんは、良し悪しの判断をいったん保留し、まずはメンバーから示される認識や考え、情報を全ていったん受容する、という態度で臨んでください。

　チームメンバーと対話を重ねながら方針を描いていくのは、時間も手間もかかります。しかし、こうしたプロセスを経ることなく意思決定を急いでも、チームの活動方針の精度は低いものになり、また、いつまで経ってもメンバーの参画意欲を引き出すことができないままとなってしまいます。ましてや、シェアド・リーダーシップな全員活躍チームを実現することも、チームとしての成果を大きく高めることも難しくなります。**最初は時間がかかっても、対話を重ねていくことで、方針についての共通認識（＝共有メンタルモデル）のレベルは必ず高まっていきます。共通認識（＝共有メンタルモデル）のレベルが高まると、その後はコミュニケーション量を減らしても、チームの成果を出すことができるように徐々になっていきますから、ここは焦らずじっくりと取り組みましょう。**

	○	×
ポイント 対話の目的	チーム活動に関する 共通認識のレベルを高める	対話自体を「目的化」し、 ただ何となく皆で話す
留意点① 対話する内容の順序	「らしさ、強み」から 入る	短期の「定量的目標」と 「現状とのギャップ」から入る
留意点② 対話するテーマの区切り	テーマを1つずつ区切る	一度に全てについて対話する
留意点③ 発言への対応	判断を保留し まずは受容する	すぐに良し悪しを判断して コメントする

③整理：対話で得た情報を放置しない

対話から新仮案に至った道筋を整理する

　チームの活動方針の仮案についてチームでの対話の時間を持ったら、マネジャーは、対話の場でメンバーから寄せられた認識や考え、情報を議事録として記録します。そして、その議事録をもとに、内容を整理し、再度、後日、新仮案としてまとめ直します。このプロセスでは、最初の方針の仮案に修正を加えたり、方針を実行に移すための具体的な方法を加えていきます。

　大事なことは、チーム内での対話をもとに、新たな仮案に至った道筋をメンバーが理解できるように整理することです。どれほど有意義な対話の場を持つことができたとしても、対話での情報が記録されていない、または、記録されていたとしても情報がただ羅列されているだけでは、結局、対話での内容が、方針にどのように反映されたのかが後々よくわからなくなってしまいます。

　対話を通して得た情報を整理する際は、まず、事実と解釈を分類します。事実に基づくものか、あるいは発言した人や第三者の解釈なのか…。一つひとつ吟味し検討していくことで、得た情報の背景や詳細が明らかになっていきます。解釈に分類されたものは、何をもとにそうした解釈となったのかを発言したメンバーに確認を取り記録していきます。例えば、「○○の業務が大変なので、今期は早急に××の対処が必要です」という意見がメンバーから寄せられた場合、大変なのは具体的に誰で、どのような業務がどの程度の頻度で発生しているのかといった事実情報を確認します。「顧客から強いニーズがあるため、△△のサービス開発が遅いことが問題になっています」という声が寄せられた場合は、「顧客」とは何社、何人の顧客で、強いニーズと判断した根拠は何かを確認していきます。このように、情報を事実と解釈に分類し、解釈はその背景や根拠をたどって整理していくことで、チームで共有される情報の精度が高まっていきます。

　事実と解釈を分類して情報を整理し終えたら、それをもとにチームの活動方針の仮案をアップデートし、新たな仮案をつくっていきます。この段階では初期の仮案にはなかった方針の実行方法なども含んだ内容になっていきます。たくさんの情報が寄せられているため、必ずしも1つの仮案にならないこともあります。その場合は、A案、B案など、いくつかの仮案をつくって提示する形でも構いません。複数の仮案ができた場合は、それぞれのメリット、デメリットを整理しておきます。

　できあがった新たな仮案は、メリット、デメリットとともにチームメンバーへ提示し、メンバーと再度、調整が必要な点や追加すべき点がないか、対話を重ねます。このような仮案→対話→整理までのサイクルを、2〜3回は繰り返す心積もりをしておくとよいでしょう。

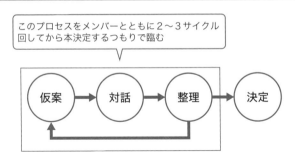

図表 STEP3-8 仮案→対話→整理のサイクル

このプロセスをメンバーとともに2〜3サイクル回してから本決定するつもりで臨む

仮案 → 対話 → 整理 → 決定

最終的に方針を決定するのはマネジャーです。ですが、チーム活動の初期に方針や実行方法について対話を重ね、このようにメンバーと「ともに方針を描く」プロセスを組み入れることで、共通認識が高まり、認識の相違による後々のトラブルを未然に防ぐことができます。また、活動方針へのメンバーの理解度も納得度も大きく高まり、活動への参画意欲が大きく高まります。メンバーのリーダーシップを引き出していくためには、チーム活動の初期にこうした丁寧なやりとりを重ねることが非常に重要です。

図表 STEP3-9 対話で得た情報を整理して仮案をまとめる際のポイント

	○	×
発言の整理	解釈と事実を整理する	解釈と事実を同等に扱う
記録・整理の方法	以下などの視点で、記録・整理する ・内容別 ・方針の仮案に修正が加えられた点 ・方針の実行方法 ・修正した方針の仮案のメリットとデメリット	記録しない or 羅列的な発言の議事録のみ
仮案→対話→整理の回数	2〜3サイクルを回す	1回のみ

④決定：決定の経緯と根拠を丁寧に説明する

　対話を重ね、チームの活動方針の仮案に順次修正が加えられ概ね合意が取れていると判断できたところで、最後はマネジャーが方針の最終決定をします。その際に重要なことは、成り行き、多数決、声の大きい人の独断での決定を避けることです。対話を重ねるなかで寄せられた認識や考え、情報、マネジャー自身の認識や考え、上層部からの意向等を総合的に勘案したうえで、マネジャーが決定するようにします。

　マネジャーはメンバーに、決定に至った経緯と根拠を示しながら方針と実行方法を提示します。その際、もう1つ重要な点が、**反映できなかったメンバーからの意見への配慮と感謝を忘れないことです。**

　メンバーとともに対話を重ねるなかでは様々な意見、情報が寄せられますが、残念ながら上層部からチームに展開された戦略、課された目標のなかには変えられないものもあります。また、全メンバーの意見を全てチーム活動の方針に反映することもできません。

　チーム活動の方針を決定する際は、メンバーからの全ての意見を反映することに腐心するのではなく、マネジャーは、経緯と根拠をしっかりと説明できる決定をすることに注力します。そして、それを丁寧にメンバーに説明することに力を注ぎます。図表 STEP3-10 の例を参考に、図表 STEP3-11 に最終決定した方針をメンバーに伝える際の内容をシートに箇条書きでメモしてみましょう。マネジャーの皆さんにとっては当然と思われることも、なるべく省略せず、丁寧にメンバーと共有することを心がけます。メモをもとに、一通りメンバーへの説明が終わったら、改めてメンバーに疑問点や気になる点が残っていないか、その場で確認するようにします。

	例	記入メモ
決定に至った経緯	「今期の活動方針を決めるにあたっては、上位方針、他部門の意見をヒアリングし、また皆さんにもたくさんの意見、情報を出していただきました。上位方針は…であり、他部門からは…や…などの意見が出されています。また、皆さんからは、…という意見や…の情報をいただきました。」	
方針	「これらの情報を整理し、当初の方針案からは…の点、…の点を修正し、また…について具体化しました。少し未来には…の状態となることを目指し、今期のチームでは、〇〇な状態を目指し、数値としては〇〇を目指します。」	
根拠	「この方針に決定したのは、〇〇のデータと〇〇の現状によるものです。」 「〇〇のデータを整理するうえでは、自社の…の強み、皆さんから出していただいた…の情報、意見を反映しました。皆さんからいただいた情報が方針の精度を高めるうえでとても有用でした。」	
実行方法	「実行に向けては、…までに…の方法で行います。なぜなら、…では、…のリソースを活用することができ、…だからです。」	

図表 STEP3-11 方針に反映できなかった意見・提案の事前説明メモ

個別説明する人	伝える内容
例 〇〇さん	・△△の情報を伝えてくれたことへのお礼 ・今回の方針には盛り込めなかった理由 ・今後も情報、意見をぜひ寄せてほしいこと

反映できなかった意見・提案もそのままにしない

なお、反映できなかった意見や提案については、なぜ反映できなかったか、理由をしっかりとメンバーに伝えます。反映できなかった意見や提案を寄せてくれたメンバーに対しては、チーム全体に方針を伝える「前」に個別に連絡や説明をしておく配慮があると、そのメンバーも方針を受け入れやすくなります。こうしたちょっとした配慮があるかないかで、その後のチーム活動へのメンバーの参画意欲が大きく変わります。そのため、反映できなかった意見・提案への説明についても、事前にメモをしておき、伝え漏れがないように準備して臨むとよいでしょう。

シェアド・リーダーシップな全員活躍チームをつくるためには、チーム活動へのメンバーの強い参画意欲を引き出すことが不可欠です。この章で繰り返しお伝えしてきたように、メンバーの強い参画意欲を引き出

すためには、マネジャーは、決定済みの方針を上から下へとポットンと落としてはいけません。メンバーと「ともに方針を描く」プロセスを組み込み、方針づくりの段階からメンバーが少しずつリーダーシップを発揮できるよう促していきます。もちろん、方針づくりにメンバーが参画したからといって、メンバーの方針への理解度、納得度がすぐに100%になる、というわけではありません。ですが、こうしたプロセスを省略することなく続けていくことで、徐々にチームのベクトルが合い、メンバーの参画意欲の高まりを実感できるようになります。

図表 STEP3-12 方針を決定する際のポイント

	○	×
決定方法	対話で集まった情報・意見、自分の考え、上層部の考えを総合的に勘案して決定	成り行き、多数決、声の大きい人の独断などで決定
メンバーへの説明	決定の経緯と根拠を丁寧に説明	聞きっぱなし
メンバーへの配慮	反映できなかった意見への配慮あり	配慮なし

STEP 4
全員を主役化する

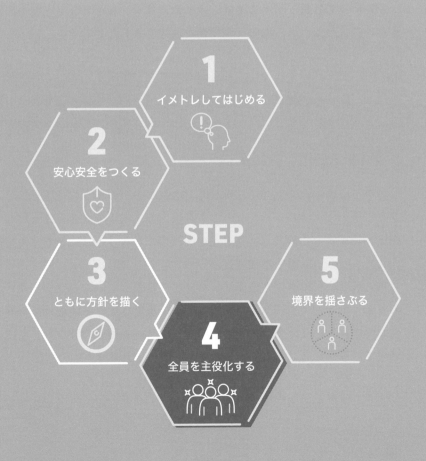

STEP 3「ともに方針を描く」で、メンバーとともに活動方針を描き、メンバーの理解度、納得度が高まる形で目標、進み方を決定したら、次は活動を前に進めていくために、各メンバーの強みを活かし、それぞれの得意分野でリーダーシップを発揮してもらうための仕事のアサインと働きかけをしていきます。この STEP では、個々のメンバーの意欲と強みを最大限に引き出すことが重要になります。

多くの組織では、リーダーシップを発揮すべきは役職者や公式なリーダー"だけ"である、という考えがまだまだ浸透しています。こうした考え方を変えていくためには、マネジャーからの後押しが必要です。

STEP 4で目指すべきことは、仕事のアサインとマネジャーからの働きかけによって、チームの「全員を主役化する」ことです。

エース頼みでは他のメンバーが育たない

全員を主役化するアサインと働きかけ

皆さんはチームメンバーに対して、これまでどのように仕事をアサインしてきましたか。マネジャーは、管轄するチームの業績責任を負っています。重要な仕事で、目標未達や失敗をするわけにはいきません。そのため、ついつい重要な仕事は安心できるエースメンバーに任せ、それ以外の残りの仕事を適宜他のメンバーに割り振っていく…といった仕事のアサインをしてしまいがちです。**「目標達成のためには絶対に失敗できない…」というマネジャーの思いから、チーム活動の「主役」が固定されているケースは少なくないように見受けられます。**

しかし、このようなアサイン方法では、「主役」級の仕事を任され、

中心的にリーダーシップを発揮するのはいつもエースメンバーで、それ以外のメンバーはいつも「脇役」的な仕事をする、といった構図ができてしまいます。**「主役」「脇役」が固定化すると、「主役」となるエースメンバーの代替はますますきかなくなっていきます。**「主役」「脇役」が固定化してしまうと、「主役」のエースメンバーはどんどん力をつけていきますが、負荷も過大になっていきます。一方で、「脇役」となったメンバーは、「主役」を支える仕事ばかりで、意欲も強みも育たず、成長が停滞していきます。彼、彼女らは、成長機会もチーム内でリーダーシップを発揮できる機会も乏しくなり、エースメンバーとの差がどんどん広がっていきます。少数の人物だけがリーダーシップを発揮していれば事足りた時代はこうしたチームのあり方でも問題はありませんでした。しかし、今は、求められるリーダーシップの質・量がともに増大し、こうしたチーム運営ではチームで成果を上げられなくなっていることは本書で繰り返し述べてきた通りです。

　そこで、こうした事態を避けるために行うのが、**それぞれのメンバーが強みを持つ部分でリーダーシップを発揮できるような仕事のアサインと働きかけを行い、「全員を主役化する」**ことです。実際に全員がリーダーシップを発揮できるようになるまでには少し時間はかかります。ですが、機会をつくらなければ育つものも育ちません。少し時間がかかっても各メンバーの意欲と強みを最大限に引き出すことができると、最終的にはメンバー同士で互いに良い影響を及ぼし合い、チームとして大きな成果を生み出していくことができるようになります。

　STEP 4では、個々のメンバーの意欲と強みを最大限に引き出し、「全員を主役化する」ためのマネジャーの仕事のアサインと働きかけの方法について解説していきます。以下では、私たちが行った調査から見えてきたポイントを次の5点からお伝えします。

① 全員の強みを活かすアサインをする

② アサインする仕事の意義を、言葉を尽くして伝える

③ 背中を押して表舞台に上げる

④ 活動を演出する

⑤ スポットライトを当てる

①全員の強みを活かすアサインをする

多様な軸で「強み」を捉え、仕事をアサインする

　チームの「全員を主役化する」うえで最初の鍵となるのが、仕事の任せ方です。メンバー全員が「主役」として輝ける場をつくるためには、まず、**マネジャーであるあなたが、メンバー一人ひとりの強みに目を向けて、仕事を任せる必要があります。**

　注意したいことは、仕事を「振る」のではない、ということです。今、もし、仮に「5人のチームに仕事が5つ存在していたとして、それを均等に5人に振って終わり」というのはマネジメントではありません。仕事を「振る」のではなく、仕事を一人ひとりのメンバーに「任せる」のです。**「振る」と「任せる」の違いは、チームメンバー一人ひとりの「強み」に着目して、それらを最大限に活かそうとしているかどうかです。**このように各メンバーの強みを最大限活かして仕事を「任せる」つもりで、マネジャーは各メンバーに仕事をアサインすることが重要です。

　「一人ひとりの強みに目を向ける、といっても、それほどの強みを持ったメンバーばかりではない…」と思われた方もいるかもしれません。確かに、チームメンバーの知識、能力、経験には差があるため、キラリと光る強みを見いだすことが難しいと感じるメンバーがいる場合もあるで

しょう。いったいどのようにしてメンバー一人ひとりの強みを見いだし
ていけばよいのでしょうか。

　**それぞれの強みを見いだすために重要となるのが、マネジャー自身が
持つ「ものさし」です。**マネジャーは、上層部からチーム成果の多寡で
評価されます。そのため、メンバーの力量を捉える際、最終成果の創出
に直接的に貢献してくれるメンバーの力量ばかりに目が向きがちです。
しかし、よく見ていくと実際にチームで成果が創出されるプロセスには、
様々なメンバーによる貢献があり、それらの相乗効果により成果は生み
出されています。特に、昨今のように様々な側面で新たな技術や動向が
次々と目まぐるしく生じ、イノベーティブな取り組みが求められている
ビジネス環境下では、最終成果だけに焦点を当てるアプローチで、大き
な成果を上げることは難しくなってきています。イノベーション論の大
家であるシュンペーターは、イノベーションは華々しい製品・サービス
の開発や、大きな売上のことだけを指すのではなく、様々な側面でのイ
ノベーションがあることを古くから指摘しています[84]。具体的には、イ
ノベーションには、「製品」「生産」「販売（市場）」「供給」「組織」の５種
類があり、表に見えやすい「製品」の卓越性や新たな「販売（市場）」
開拓だけではなく、「生産」や「供給」の仕方、「組織」のあり方などに
おいてもイノベーションを起こすことができると述べています。
　チーム活動においても同じことがいえます。チームでの新たな取り組
みや最終の成果創出に至るまでに、誰がどのように関わり、どのように
貢献し得るのか、目を凝らして見つめ、メンバーの強みを多様な軸で捉
える「ものさし」を持つようにすると、各メンバーの強みが見えてきま
す。また、それらの強みの相乗効果によって、成果が生まれることがわ

84　Schumpeter, J. A.（1926）. Theorie der wirtschaftlichen Entwicklung.（塩野谷祐一・中山伊知郎・東畑精一訳（1977）. シュムペーター　経済発展の理論　上・下，岩波書店）

かります。

　では、チーム活動において、メンバーによって発揮される強みには、どのようなものがあるのでしょうか。コロンビア大学などで教授を務めたベネ氏らは、チームが成長し、**生産的に活動するために発揮される強みやリーダーシップには多様な内容が含まれる**としています。そして、**様々なメンバーがリーダーと同様に重要な強みやリーダーシップ役割を果たし得る**ことを指摘しています[85]。**図表 STEP4-1** を見てください。ベネ氏らは、具体的には、「仕事そのものに関する強みや役割」と「チームの機能を高めるための強みや役割」に大別して整理しています。

　こうしてみると、チーム内で発揮され得る強みには多様なものがあることが見えてきます。これらの強み・役割を参考にして、チーム内の仕事のアサインを考えてみるとどうなるでしょうか。皆さんのチームのメンバーの強みを早速、整理してみましょう。**図表 STEP4-1** のシートを何枚かコピーして使うと進めやすいでしょう。

　進める際は、次の進め方 A、B どちらからはじめても構いませんが、A、B 両方の視点から整理を行うようにします。

　進め方 A と進め方 B で記入した内容を並べてみると、どの仕事には、どの強みを持つメンバーをアサインすると最も効果が期待できそうかが見えてきます。

85　Benne, K. D. & Sheats, P.（1948）. Functional roles of group members. Journal of Social Issues, 4, 41-49.

進め方 A：メンバーが持つ強みに着目する

（1）図表 STEP4-1 のシートの各欄に、その強みを持つチームメンバーの名前を記入する。1人のメンバーについて、3～4点の強みを見つけるつもりで検討する。

（2）メンバー全員の強みを整理し、チーム全体としての強い部分、補強が必要な部分を整理する。

（3）誰と誰を組み合わせると相乗効果が生まれそうか、他のチームと協力したほうが前に進みそうな仕事は何か、などチーム活動を進めるうえでのヒントを読み解く。

進め方 B：仕事に必要な強みに着目する

（1）チームで進めていく仕事のまとまりごとに、重要になりそうな強み・役割に着目する。

（2）進め方Aで記入したものとは別のシートに、今度は仕事のまとまりごとに重要となる強み・役割を検討し、該当する箇所に印をつける。

（3）各仕事で重要となる強み・役割の欄に「案件①」、「プロジェクト②」などの形で記入していく。

全員がメインとサブ、両方を担うアサインを行う

　各メンバーが持つ強み、各仕事で必要となる強みを把握したところで、次は、誰にどの仕事でリーダーシップを発揮してもらうのか、チーム内での仕事の任せ方を具体的に考えていきます。**シェアド・リーダーシップな全員活躍チームを実現する際にポイントとなるのが、全員がメイン**

【仕事そのものに関する強みや役割】

提案さん：**新しいアイデアや解決策を提案する**

情報収集さん：**事実情報を相手に問う、または自ら集める**

価値探しさん：**提案やチーム活動の価値を明確にする**

経験語りさん：**提案やチーム活動に関連する自分の経験情報を提供する**

意見表明さん：**提案やチーム活動に対して積極的に意見を述べる**

精緻化さん：**提案の根拠を整理し、アイデアが実現後どのように機能するかを予測する**

調整さん：**チーム内の情報、意見などの関係性を明確にする**

要約さん：**起こっていることや話されていることを要約し、論点を明確にする**

評価さん：**チーム活動の進捗や成果を評価する**

活性化さん：**チームに活力を与え、行動を起こさせる**

段取りさん：**チーム活動の推進のための資料配布、機器操作などを行う**

記録さん：**チーム活動や議論の進行、進捗を記録する**

【チームの機能を高めるための強み・役割】

励ましさん：チームメンバーの貢献を称賛する

和ましさん：緊張感のある場面で冗談を言うなどして、チームの空気を和らげる

調停さん：意見の不一致の調和を図ったり、対立が起きた際に新たな選択肢を提案したりする

交流促進さん：関係者全員の発言を促し、チーム内外での交流を促進する

基準さん：チーム活動の達成基準やプロセスの質の基準を明確にする

観察さん：チームの活動プロセスを客観的に観察し、活動の評価や新たな活動に活かす

後押しさん：他の人の意見によく耳を傾け、他の人の考えを受け入れる

出所：Benne & Sheats（1948）をもとに表現を修正して作図

【注】
・【仕事そのものに関する強みや役割】と【チームの機能を高めるための強み・役割】は数が異なりますが、出所のままとしています。

とサブ、両方を担えるアサインを行うことです。特定のメンバーだけが
いくつもリーダー役を担うことや、サブばかりの仕事を担う人が出てく
るアサインは極力なくしていきます。

　また、1人仕事もなるべくつくらないようにします。ある業務では
Aさんが主担当でBさんが副担当、別の業務ではBさんが主担当、A
さんが副担当、というように、メンバー全員が必ずメインとサブ両方を
担当できるようなアサインを意識して行います。全てのチームメンバー
が、自分が強みを持つ領域の仕事では主担当を担い、少し知識やスキル
が不足している領域では副担当を担う形でメイン・サブのアサインをし
ます。すると、**メイン担当の仕事では、自分自身の「強み」を発揮でき、
サブ担当のサポートも得られるため自信を持って仕事を進めることがで
きます。自分がサブ担当を担う仕事では、メイン担当者の「強み」をチー
ム全体で活かしていくお手伝いをしつつ、メイン担当者が「強み」とす
る領域についても学ぶことができます。このようなアサインを行うと、
チーム内でつながりのネットワークの線が複数生じるため、チーム内で
相互に刺激を受け合い、連携する機会が増えていきます。**

　特定の人ばかりがメイン担当を担い、リーダー役が固定化すると、ど
うしても自分は常にリードする人、自分は常にフォローする人という役

割構造ができてしまいます。全員がメインとサブを両方担うアサインを行うことで、場面に応じて最も適したメンバーがリーダーシップを発揮し、他のメンバーがフォロワーシップを発揮する、といった形で臨機応変にメイン・サブの役割を変えられる柔軟性がチームに備わってきます。最終的な理想形は、こうした動きがその時々に応じて、メンバーから自発的に起きてくることですが、階層的な組織運営が浸透している組織やチームでは、最初のうちは、マネジャーがこのように意識的に仕事のアサインの仕方を工夫することが必要です。

　私たちが行った定性調査では、**シェアド・リーダーシップな全員活躍チームを実現しているマネジャーの方々の多くは、STEP 3で「ともに方針を描く」プロセスを組み入れることで、各メンバーの強みを知り、また、そこで形成されたつながりを、仕事のアサイン時にも活かしていることがわかりました。** チーム活動の方針づくりの段階から、メンバーとともにチーム内外で対話を重ねることで、様々なつながりができます。すると、各メンバーの強みを、マネジャーやメンバーが相互に認識できるようになります。そうした強みやチーム内外でのつながりを活かしたメイン・サブのアサインをするというわけです。

　このように、仕事を行うために他のメンバーと相互に依存し合う関係をタスク依存性（task interdependence）といいます。**タスク依存性が高いチーム、つまり、仕事を行うために相互に依存し合い、連携が必要なチームでは、シェアド・リーダーシップの効果がさらに高まりやすいことが複数の定量調査で明らかにされています**[86]。

86 Nicolaides, V. C., LaPort, K. A., Chen, T. R., Tomassetti, A. J., Weis, E. J., Zaccaro, S. J., & Cortina, J. M. (2014). The shared leadership of teams: A meta-analysis of proximal, distal, and moderating relationships. The Leadership Quarterly, 25, 923–942.
この研究では、約50件の研究で扱われた4,000近いチームのデータをもとに分析が行われました。

シェアド・リーダーシップが実現しているチームは、様々な良い効果が期待できることは第1章でご紹介した通りですが、仕事を進めるうえで良い意味で相互に依存し合い、連携し合っているチームでは、その効果がさらに高まることが実証されているのです。こうした研究結果からも、メンバーが相互に連携し合うアサインの重要性が見えてきます。

②アサインする仕事の意義を、言葉を尽くして伝える

「全員を主役化する」ためには、主役意識を、メンバー一人ひとりに持ってもらわなくてはなりません。そのためには、各メンバーに、担当してもらう仕事の意義をしっかりと理解してもらうことも大切です。マネジャーは一人ひとりのメンバーに、その仕事がチームや組織にとって、また、メンバー本人にとって、どのような意義や意味、価値があるかといったことを、仕事のアサイン時に丁寧に言葉を尽くして伝えるようにします。

チームや組織にとっての仕事の意義を伝える

各メンバーに、仕事をアサインする際は、その仕事が、チームや組織にとってどのような点で重要であり、どのような意義を持つ仕事なのかという点をまずは、マネジャーからメンバーに説明します。メンバーは、組織やチームにとって、重要で意義のある仕事を自分は担う、ということが腹落ちすれば、自分がチームや組織の活動の主役の1人だと思えるようになります。

各仕事の意義は、マネジャーが説くだけでなく、メンバーがそれぞれに自分の言葉で表現することも大切です。私たちが定性調査でインタビューをさせていただいたあるマネジャーの方は、仕事のアサインをす

る際に、仕事の意義を自分から丁寧に伝えるだけでなく、次の面談の機会では、メンバー自身の言葉で仕事の意義を表現したものを持ってきてもらうようにしていると話されていました。各メンバーの主役意識を高めるためには、アサインされた仕事の意義・意味を、メンバー自身が腹落ちして受け止めることが何よりも大切だからです。

ときには、メンバーが望まない仕事にアサインせざるを得ないこともあります。その場合は、その仕事がチームや組織にとって本当に必要な仕事であるかを吟味します。意義のない、必要のない仕事なのであれば、検討したうえで止めることも大事な選択肢の1つです。吟味したうえで、それがチームや組織にとって重要な仕事であることが再確認された場合は、その仕事の位置づけや前後の工程に与える影響など、その仕事が持つ意義や価値をマネジャーが言葉を尽くしてメンバーに伝えます。先に整理したメンバーの強みにも言及し、「あなたが○○の強み、○○の素晴らしい力を持っているから、ほかならぬあなたにこの仕事をアサインしたい」と、そのメンバーにアサインする理由を省略せずに伝えることが重要です。

仕事の意義を認識したうえで活動に臨むのと、そうでないのとでは、仕事ぶりに大きな差が生じてきます。**図表 STEP4-2** は、仕事の意義の認識と、その仕事ぶりとの関連を検証した研究の結果です[87]。**仕事の意義を認識している人ほど、ワーク・エンゲイジメントや組織へのポジティブなコミットメントが高い**ことが見て取れます。ワーク・エンゲイジメントとは、「活力・熱意・没頭によって特徴づけられる、仕事に対する

87　Geldenhuys, M., Łaba, K., & Venter, C. M. (2014). Meaningful work, work engagement andorganizational commitment. SA Journal of Industrial Psychology, 40. https://doi.org/10.4102/sajip.v40i1.1098

前向きで充実した心の状態」を指します[88]。端的に表すと、生き生きと熱意を持って仕事に没頭しているような心理状態です。ここでの組織コミットメントとは、（１）組織の目標や価値観に強い信念を持ち、それを受け入れていること、（２）組織のために相当の努力をすること、（３）組織の一員であり続けたいという強い願望を持つこと、を意味します。この研究結果からも、仕事の意義をマネジャーが一人ひとりのメンバーに言葉を尽くして伝えることがもたらす効果がうかがえます。

　自分が担う仕事が重要なものだと位置づけられるかどうかは、個人がどう解釈するかにかかっています。チームや組織にとっての仕事の重要性、意義を丁寧に伝え、最終的にはメンバーそれぞれが自分なりに仕事の意義・意味を腹落ちして受け止められるような働きかけが、マネジャーには求められます。

図表 STEP4-2 仕事の意義の認識と仕事ぶりとの関連

出所：Geldenhuys et al.（2014）をもとに作図

▶ **仕事の意義の認識が高い人ほど、ワーク・エンゲイジメントや組織へのポジティブなコミットメントが高い。**

【注】
・矢印の実線は変数間のプラスの関係を表しています。矢印上部の数値は２つの変数の間の関連度（相関係数）の強さを示しています。数値は１に近いほど２つの変数間の関連が強いことを意味します。数値がプラスの場合は、片方の変数が高まるほど他方の変数が高まる関係にあることを示します。数値がマイナスの場合は、片方の変数が高まるほど、他方の変数が低まる関係にあることを示します。数値の右上の＊は有意水準を示しており、＊の数が多いほど示された関係には統計的に意味がある可能性が高いことを意味します（＊＝10％有意水準、＊＊＝５％有意水準、＊＊＊＝１％有意水準、＊＊＊＊＝0.1％有意水準）。
・この研究では、仕事の意義の認識を psychological meaningfulness という概念として扱っています。

88 Schaufeli, W. B., Salanova, M., González-Romá, V., & Bakker, A. B.（2002）. The measurement of engagement and burnout: A two sample confirmatory factor analytic approach. Journal of Happiness Studies, 3, 71–92.

メンバーの想いやキャリア展望に即して仕事の意義を伝える

メンバーに担ってもらう仕事を、自分事として受け止めてもらうためには、メンバーの想いやキャリア展望とアサインする仕事を結びつけ、各メンバーに、個人にとっての意義を伝えることもまた重要です。例えば、「今後、様々な職種を経験していきたい」と考えているメンバーには、「複数の人と関わる仕事の主担当を担う経験を通じて、あなたが将来目指したいと考えている○○の仕事の情報をヒアリングできる良い機会になると考えている」といったように、アサインする仕事がメンバーの想いやキャリア展望上どのような意味を持つかをマネジャーの視点から伝えるのです。「専門性を追求していきたい」と考えているメンバーに他の人と一緒に取り組む仕事をアサインする際は、「○○さんは、あなたの専門領域に詳しくないけれど、○○さんと一緒に進めることで、多くの人にわかりやすくあなたの専門を理解してもらうためのヒントが得られるのではないか」といった説明ができます。

アサインする仕事と、メンバーの想いやキャリア展望に資する点で重なるところに言及しながら、一人ひとりに、本人にとっての仕事の意義や価値を丁寧に伝えていきます。アサインされた仕事に取り組むことで自分の強みがさらに引き出され、自分のキャリア展望に大きな意味を持つことを理解できれば、メンバーの意欲と強みはより引き出されやすくなります。

なお、ここで、メンバーの想いやキャリア展望に即して仕事の意義を伝えるためには、STEP2での「安心安全をつくる」段階におけるメンバーとの対話で、各メンバーから想いやキャリア展望を聞く時間を設けておくことが必要です。STEP2の段階では、メンバーとの1on1の対話機会を、安心安全な場、つまり心理的安全性のための手段として位置づけていました。しかし、チーム活動の初期時点での1on1の対話機

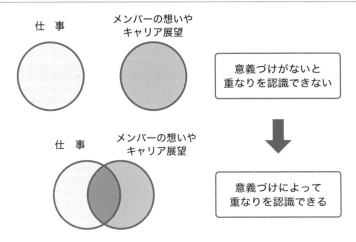

図表 STEP4-3 メンバーの想いやキャリア展望とアサインする仕事の重なりを見つけて、
丁寧に仕事の意義を伝える

仕 事　　メンバーの想いや
　　　　　キャリア展望

意義づけがないと
重なりを認識できない

仕 事　　メンバーの想いや
　　　　　キャリア展望

意義づけによって
重なりを認識できる

会は、この STEP 4 でも活きてくるのです。**メンバーの意欲や強みを
引き出す仕事のアサインをするには、メンバー一人ひとりの想いやキャ
リア展望をマネジャーが把握していなければならないからです。**チーム
活動の初期に対話の機会を設けていれば、この時点までに各メンバーの
仕事に対する想いやキャリア展望をかなり把握できているはずです。

　もし、仕事をアサインする時点で各メンバーとこうした対話の機会を
まだ持てていないようであれば、仕事のアサインを行う「前」までに、
一人ひとりと改めて対話をし、本人の想いや強み、キャリア展望をじっ
くり聞いておくようにしましょう。「どんな仕事をしているときにやり
がいを感じるか」「これまでの仕事で、どのようなときに達成感を感じ
たか」「これからどんな仕事をしてみたいと思っているか」などの質問
で問いかけるとよいでしょう。特に、メンバーがどのようなポイントで
意欲が高まり、どんなキャリア展望を描いているかは、ぜひ把握してお

きたいところです。メンバーそれぞれで意欲が高まるポイント、キャリア展望は大きく異なります。想いやキャリア展望がなかなか明確にならないメンバーもいます。チームの初期段階で対話をした段階では考えがまとまっていなくても、それをきっかけにしばらく時間が経ってから本人のなかで考えがまとまることもあります。期間を置いて、何度かマネジャーから問いを投げることで、メンバーの想いやキャリア展望をつかんでいきましょう。

`コラム` ## メンバーにどこまで任せるのか？

　メンバー一人ひとりが得意分野でリーダーシップを発揮し、「主役」として活躍してもらうためには、予算、進め方、意思決定などの権限や裁量をメンバーにどんどん渡していくことが必要となります。とはいえ、マネジャーとしては、どこまでをメンバーの権限、裁量としていいのか、線引きが難しいところです。

　私たちが定性調査でインタビューをさせていただいたマネジャーの方々の多くも、権限委譲に関しては、様々な葛藤を経験したと話されていました。権限委譲しようと頭では考えているのに、自分の思うやり方とは異なるやり方で進めるメンバーに細かく口出しや手出しをしてしまったり…、逆に支援が必要なメンバーに任せすぎてしまったり…といった具合です。

　マネジャーとメンバーが相互に気持ちよく仕事を進めるために、権限委譲をする際に押さえておきたいのが、次の３つの約束事です。

（1）進捗共有をどのようにどのような頻度で行うか

　適切と思われる進捗共有の方法や頻度は、マネジャーとメンバーでは異なっていることもあります。どのくらいの頻度で、どのような形で進捗を共有するのかについては、事前にメンバーと相談して決めておきます。

（2）裁量の範囲はどこまでか

　予算の使い方やどのような方法で進めるかについては、なるべくメンバーに裁量を持たせます。しかし、どこまでは相談なく行ってよいか、どこからは相談が必要かを予め範囲を明示しておくと、お互いストレスなく進めることができます。

（3）いつまでにどのくらいの成果を出すか

　権限委譲はしつつも、いつまでにどのくらいの成果を出すのか、期限と目標は明確にメンバーと握っておくようにします。

　これらの３つが決まっていないと、マネジャーがメンバーに権限委譲したつもりであっても、途中でイライラしてつい口や手を出してしまうようなことになります。予め決めておくことで、マネジャーは気持ちに余裕を持って「待つ」ことができます。

　これらの３つの約束事は、メンバーを管理するためではなく、あくまでも必要な支援をメンバーに届けるためのものです。（1）進捗、（2）裁量、（3）期日と成果において、事前に決めた約束事から逸脱することがあれば、それは、メンバーがトラブルや仕事量を抱え込んでしまっているサインと見なすことができるからです。この３つをメンバーと事前に握り合うことは、メンバーが深刻なトラブルや仕事を抱え込むような状況をつくらないためでもあります。権限委

譲は進めつつ、マネジャーとしての責任を果たすために、支援は
いつでも提供すること、そのためにこの３つの約束事を必要だと考
えていることをメンバーに理解してもらうようにします。

　（1）（2）（3）については、各メンバーの力量や本人の意向などに
よって、適度な量、頻度などが異なります。各メンバーと話し合い、
メンバーとマネジャー双方にとって進めやすく、納得できる落とし
どころを探っていきましょう。

　なお、後の本文中でも触れますが、**「権限委譲」と「丸投げ」は
別物です。メンバーが権限委譲をしてもらっていると感じるか、丸
投げされたと感じるかは、マネジャーのメンバーに対する支援の意
向がどのくらいメンバーに伝わるかで決まります。**「支援がないのに、
管理ばかりされている」という印象を与えないよう、権限を委譲す
るときは、「必要なときには支援を惜しまない」というマネジャー
の意向をメンバー一人ひとりに伝えます。もちろん、口で伝えるだ
けでなく、実際に支援が必要な際に、その労を惜しまないことが重
要であることはいうまでもありません。

丸投げ

権限委譲

③背中を押して表舞台に上げる

　メンバーの意欲と強みを引き出すために、全メンバーが「主役」として輝ける仕事をアサインし、各仕事の意義を丁寧に伝えた後は、メンバーがその仕事で活躍できるよう、マネジャーはメンバーの背中を押して光の当たる表舞台になるべく上げるようにします。しかし、いくらマネジャーがメンバーの活躍を後押ししたとしても、メンバー本人が「自分にはできそうにない」と感じてしまうと、自信が持てないうえに過度なプレッシャーがかかってしまい、むしろ本来の力を発揮できなくなってしまう可能性があります。そこで、一人ひとりのメンバーが、「主役」として輝けるような仕事をアサインしたら、次は、強みを持つ分野でリーダーシップを発揮してもらうために、各メンバーに「自分ならできるはずだ」と自信を持ってもらうための働きかけを行います。

リフレーミングで自信を持たせる

　メンバーが自信を持って仕事に臨むためには、マネジャーが各メンバーの強みを評価し、それをしっかりと言葉で伝え、「あなたならできる」と背中を押してあげる必要があります。しかしながら、これが意外と難しいものです。というのも、日本では学校でのテストや就職試験、業績評価など、評価が伴う際には減点主義を用いることのほうが多く、「100点にはここも、ここも足りない…」と、どうしても「不足」の方に目が向いてしまいがちになるからです。ですが、「不足」部分ばかりに目を向けていると、人は自信を高めることができません。自信が高まらなければ、リーダーシップを発揮するような活躍ももちろん期待できません。

　そこで、自信のなさそうなメンバーには、リフレーミングで、マネジャーが背中を押してチャレンジへと促します。**リフレーミング（reframing）**

とは、同じ事実を別の視点や枠組みで捉えることで、事実に対する認識や感情を変えることを指します。「不足」しているように見える部分を「できない」「自信がない」で終わるのではなく、どうすればできそうかを、「○○すればできる」「○○すれば進めやすくなる」と考えていく支援をするのです。例えば、次の3つの視点で、「○○できない」を「○○すれば○○できそう、できる」に書き換えていくことができます。

（1）「何があれば」できそうか（with WHAT）

　　例：やり方が見いだせず自信を持てないメンバーに

　　　「過去の類似事例の参考情報（with WHAT）があったらできそう？」

（2）「誰となら」できそうか（with WHO）

　　例：仕事のミスが多く自信が持てないメンバーに

　　　「○○さんと一緒に（with WHO）、チェックをするプロセスがあったらやりやすくなりそう？」

（3）「いつなら、いつまでなら」できそうか（at WHEN、by WHEN）

　　例：仕事のスピード感の面で自信が持てないメンバーに

　　　「○○の仕事が一段落したあとに（at WHEN）、3ヶ月後ぐらいの期間なら（by WHEN）不安が軽減しそう？」

といった具合です。マネジャーは、メンバーとともに、困難に見える課題に対して「何が加われば実現できそうか」「誰と連携すれば実現できそうか」「どの条件を変えれば実現できそうか」とクリエイティブに発想していきます。**一人ひとりの不足を問題視して全員を100点にすることに躍起になるのではなく、各メンバーの強みを活かし合い、強みを組み合わせて解決していくのです。こうした発想や行動をメンバーが**

徐々に自発的にとれるようになると、不足するリソース（ヒト、モノ、カネ、情報、時間など）を自分で周囲から獲得しながら、効果的にリーダーシップを発揮できるようになっていきます。

また、不足があったとしても「○○すれば○○できそう、できる」と制約を克服するクリエイティビティを養うことで、マネジャーもメンバーも、他者や物事の弱みではなく、強みやポテンシャルに目が向くようになっていきます。

成功はメンバーに、失敗は仕組みに原因帰属する

メンバーが仕事を遂行するうえでの自信を高めるために、マネジャーができるもう1つの働きかけは、仕事上の成果やうまくいったことに対して、「あの仕事は、あなただったからできた」「あの仕事で、あなたが関わったあの部分が重要な役割を果たした」などと、これまでの**仕事の成果や成功の「原因」を各メンバーに結びつけて伝える**ことです。

なぜ、成果や成功などの良い結果について、メンバーに原因を帰属させて伝えることが自信につながるのでしょうか。自信のなかでも人の行動に関する自信を「**自己効力感（self-efficacy）**」と呼びます。自己効力感は、**自分で自分の行動をコントロールし、物事に対応していくことができる、という確信**を指します。自己効力感の概念を提唱した研究者のバンデューラは、自己効力感を高める要因として「成功体験」「原因帰属」「言語的説得」などの重要性を挙げています[89]。メンバーそれぞれの「成功体験」に言及し、成功や成果は、メンバーの働きぶりや能力の高さによるものだとメンバーに「原因帰属」させ、だからあなただったらできる、あなたしかできないと「言語的説得」をすることで、メンバーの自

89　Bandura A.（1977）. Self-efficacy: toward a unifying theory of behavioral change. Psychological Review, 84, 191-215.

己効力感を高めることができます。

　こうした働きかけをするためには、**マネジャーは、日頃から各メンバーの貢献やどのような強みが発揮されているのかをよく観察し、また周囲からも各メンバーの優れた仕事ぶりをヒアリングしておく必要があります。**

　なお、メンバーに原因を帰属させて伝えるのは、あくまでも成功や成果などのうまくいったことについてのみです。**トラブルや失敗が生じた際は、メンバー個々人に「原因帰属」するのではなく、仕組みや体制などに「原因帰属」させ、チーム全体で問題を取り除いていくようにします。**

　このように、マネジャーは、メンバーが自信を持って各担当の仕事で活躍できるよう、メンバーの目線や意識を変える様々な声かけで、メンバーの背中を後押しします。

④活動を演出する

「励まし」と「問いかけ」でメンバーの活動を演出する

　メンバーの背中を後押しし、メンバーに自信が養われてきたら、マネジャーはできる限りメンバーに対して権限委譲を進めていきます。しかし、任せっぱなしではいけません。先のコラムで記したように、**「権限委譲」と「丸投げ」は別物**です。**権限委譲と丸投げの違いは「支援」があるかないか**です。仕事をアサインする際、マネジャーは、メンバーにその仕事の意義を言葉を尽くして伝え、必要な支援は惜しまず提供する意向を伝える点については先に述べた通りです。言葉だけではなく、各メンバーの活動がスタートしたら、マネジャーは実際に必要な支援を行います。

「支援」とは、手取り足取り教えることでも、メンバーの行動にあれこれ口を出すことでもありません。「支援」の目安は、メンバーが「マネジャーは自分のことを気にかけてくれている」「任せつつ見守ってくれている」と感じるさじ加減で行います。シェアド・リーダーシップな全員活躍チームを実現しているマネジャーの方々が日常的に行っていた支援は、「励まし」と「問いかけ」でした。

　私たちが定性調査でインタビューさせていただいたマネジャーの方たちは、日頃からメンバーの表情や行動をよく観察し、こまめに「励まし」の声をかけていました。メンバーのちょっとした良い取り組みにも気づき、「この間のあの取り組み、良かったね」と励ましたり、「最近どう？」と「問いかけ」るだけでも、メンバーは「自分のことをよく見てくれているな」「気にかけてくれているな」と感じます。

　なお、ここで「励まし」と「問いかけ」をするねらいは、メンバーの活動をそっと後押しするためです。メンバーが「マネジャーは自分のことを気にかけてくれている」「任せつつ見守ってくれている」と感じられることが重要であり、「マネジャーに監視されている」と思われてしまっては逆効果です。そのため、細かな点について「あれはダメだったね」「これはちょっと違うんじゃない」などネガティブな声かけをするのはなるべく避けます。

軌道修正も「指示・命令」ではなく「問いかけ」で行う

　とはいえ、**メンバーの行動を軌道修正するための働きかけが必要な場面もあります。そうした際にも有効となるのが「問いかけ」です。**メンバーの意欲と強みを最大限に引き出すためには、各メンバーがリーダーシップを発揮できるよう、それぞれに適度な難易度の仕事をアサインし、できる限りメンバーに権限委譲をすることが求められます。しかし、難

易度や権限委譲が実際に適切な程度であったかは、動き出してみなければなかなかわからないものです。そのため、**メンバーに対して、マネジャーは日常的に問いかけを行い、困りごとの「抱え込み」や懸念事項の「溜め込み」をしていないか、気づけるようにしておくことが大切です**。困りごとや懸念事項を長い間１人で抱えていると、メンバーはどうしても丸投げされたような気持ちになっていくものです。抱え込んでいることはないか、溜め込んでいることはないか、あれば早めに気づけるよう、「困っていることはある？」「何か気になっていることはある？」など、**こまめに問いかけて、困りごとや懸念事項は小さいうちに吐き出してもらえるようにします**。

　マネジャーは、直接的に口出し、手出しをしなくても、このように「励まし」と「問いかけ」によって、メンバーの意欲と強みを引き出し、メンバーの活動が高い成果をもたらせるよう演出することができます。主役は、あくまでもメンバーです。もどかしさは伴いますが、マネジャーがメンバーの役を奪ってしまうようなことがないよう心がけたいものです。

　「問いかけ」が必要になる状況は、メンバーの困りごとの「抱え込み」や懸念事項の「溜め込み」以外にもあります。**見通しが甘く「進捗の停滞」が見られる場合、成果につながるとは思えない方法で仕事を進めようとしているなどの「脱線」と思われる兆しが見られる場合にも「問いかけ」が必要です**。このような場合、マネジャーとしては、失敗を防ぐために、「進捗が遅い」「そのやり方ではうまくいかない」「こう進めて」など、軌道修正のための指示や命令を直接したくなります。マネジャーが正しいと思う方法を、端的に、ときには厳しく伝えるほうが、早く物事が進むように思えるからです。

　しかし、ここで気をつけたいのが、メンバーの仕事への介入の仕方です。マネジャーはよかれと思ってコメントをしたとしても、メンバーか

らは余計な細かな口出しや手出しと感じられることもあります。また、メンバーが大きく自信を失うこともあります。各メンバーは、それぞれに自分なりの工夫をしながら仕事に取り組んでいます。一方的に修正指示やダメ出しをすると、メンバーの意欲は大きく減退します。**マネジャーからの仕事への修正指示や命令が続くと、メンバーは徐々にマネジャーに正解を求め、マネジャーの顔色を見て仕事をするようになります。**

シェアド・リーダーシップな全員活躍チームをつくっていくためには、マネジャーから見て気になる点があるときは、自分の意見を述べる前に、メンバーに「なぜ、どうしてそのような進め方を選んだのか」、背景や意図を「問いかけ」て、確認するようにします。背景や意図を聞くことで、マネジャーの不安や懸念が解消されることも少なくありません。現場の第一線で活動しているメンバーの動きがマネジャーからは見えていないことも多々あります。背景や意図を聞いても気になる点が残る場合は、はじめてそこで自分の意見を述べます。もちろん、一刻も早く対処しなければ重大な危険や大きな損失につながりかねない場合や、顧客に迷惑をかけてしまうような事態に陥った場合は、マネジャーが直ちに介入して事態の収拾を図る必要があります。ですが、そうでなければ、**できる限りメンバー自身から「どのような背景から、そうしたのか」、変更が必要な場合は、メンバー自身が「どうしたいのか」「どうするとよりよくなるか」を主体的に考えられるように「問いかけ」で支援するようにします。**メンバー自身から変更方法についての考えを引き出し、軌道修正していくのです。

「進捗の停滞」「脱線」が見られる場合などは、事実と不確かな情報が混ざり合い、メンバー自身も混乱して判断能力が鈍っていることが多いものです。このようなとき、マネジャーはメンバーの壁打ち役になり、「問いかけ」をすることで状況整理の支援をすることができます。

　状況整理の支援をする際は、マネジャーであるあなたが考える「正解」をすぐに示すことは避けます。まずは望ましい結果や状況と比べた現状を、メンバーがどのように捉えているかを確認します。マネジャーから見えている現状とメンバーから見えている現状が異なることもあるからです。マネジャーから見えている現状、マネジャーが考える進め方が常に正解であるとも限りません。マネジャーであるあなたとメンバーとで現状の認識が一致したら、そのうえで、目標に向けて、なぜそのようにメンバーは行動しているのか、その「背景や意図」を確認します。さらに、望ましい結果や状況と現状のギャップを埋めるために、「どう行動を変えるのが効果的であると思っているのか」「メンバーが考えている方法でギャップを埋められそうか」をメンバーに「問いかけ」て整理していきます。

　マネジャー自身の考えを伝える場合は、一通りメンバーの話を聞いてからにします。マネジャーは自分の意見を伝えたら、それに対して「自分は…の方法が有効だと思うけど、〇〇さんは、どう思う?」と必ず最後にメンバーの意見を再び聞きます。メンバーが納得でき、かつ効果的な進め方を一緒に探っていくのです。

　私たちがインタビューをさせていただいたあるマネジャーの方は、老子の「魚を与えるのではなく、釣り方を教えよ」という格言のようにメンバーに接することを心がけていると、話されていました。答えを常にマネジャーに求めるようなやりとりをしていては、いつまで経ってもメンバーのリーダーシップにつながっていかないからです。

　別のマネジャーの方は、自分が正解を持っているようなスタンスでメンバーに指示やコメントをすると、メンバーではなく、マネジャーが仕事の主役になってしまう。だから極力、ダメ出しや指示ではなく、メンバーには問いかけをすることを心がけていると話されていました。

「問いかけ」をしてメンバーに考えてもらうことは、ストレートに指示を出すよりもはるかに手間がかかります。しかし、一見、遠回りのように見えても、メンバー自身から解を引き出すほうが、結果的にはメンバーの意欲も力も高まるため、最終的にはより大きなチーム成果の創出につながります。

⑤スポットライトを当てる

「スポットライト」を当てて「キャラ立ち」させる

「励まし」と「問いかけ」でメンバーの活動を演出したら、最後の仕上げは一人ひとりに「スポットライト」を当てて、メンバーの強みを活かして「キャラ立ち」させることです。

映画のアカデミー賞では、主演の俳優だけでなく、作品賞、監督賞、助演男優／女優賞、脚本賞、脚色賞、撮影賞、編集賞、美術賞、衣装デザイン賞など様々な賞が設けられており、制作に関わる全ての人がスポットライトを浴びる機会があります。

仕事も同じで、全ての人にスポットライトが当たる工夫が必要です。誰かがリーダーシップを発揮できるのは、フォロワーシップを発揮してくれる誰かがいるからこそです。マネジャーは、リーダーシップを発揮した人、フォロワーシップを発揮した人、どちらにも光を当てるようにします。また、本章の最初に記したように、リーダーシップやフォロワーシップの役割を固定化させない工夫も大切です。

スポットライトを当てることで、一人ひとりのリーダーシップ発揮を促している事例に、JR東日本テクノハート TESSEI、通称「テッセイ」の取り組みがあります。テッセイの事例は、ハーバード大学経営大学院

のMBA（経営学修士）の授業でも、管理や金銭的な報酬ではない働きかけにより意欲を引き出すアプローチとして、注目すべき事例として取り上げられています[90]。新幹線の清掃を請け負うテッセイでは、目立たないけれども素晴らしい仕事ぶりをしているスタッフを他のスタッフがレポートし、それを共有する「エンジェルリポート」で、スタッフ同士が認め合う組織文化を醸成しています。また、東京駅でのお客さまへのおもてなしの場を「新幹線劇場」と呼び、広く社外にPRすることでスタッフが誇りを持って仕事をできる演出がされています。スタッフが取り組んでいる仕事そのものや、一人ひとりの仕事ぶりにスポットライトを当てているのです。

　皆さんは、**1年間に何度、各チームメンバーに対してスポットライトを当てる機会をつくっていますか？**　仕事上で成果が出たとき、プロ

スポットライトがプロとしての意識を高め、意欲、能力を大きく引き出す

出所：JR東日本テクノハート TESSEI

90　矢部輝夫.（2016).「新幹線のお掃除」に一流が学びを求める理由. 東洋経済 ONLINE.
　　https://toyokeizai.net/articles/-/134844

ジェクトが完了したとき、中間、期末などの節目、チームの業績や活動を上層部に報告する際など、スポットライトを当てる機会は様々あります。以下のような機会を逃さず、メンバー一人ひとりにスポットライトを当てる機会を意識的につくるようにしましょう。

> ▶上層部への活動報告
> ▶チーム内で優れた活動についてオンライン掲示板で共有
> ▶チーム内での優れた活動の報告会
> ▶社内表彰
> ▶社外での講演
> ▶ニュースリリース
> ▶商品説明会　　　　　　　　　　　　　　　など

　こうした機会では、いつも同じ人にスポットライトが当たっていないか、スポットライトが当たる人に偏りがないよう配慮することも重要です。多様な軸で強みを捉え、できるだけ多くのメンバーに光が当たる場を用意します。どうしても特定の目立つ人の活躍ばかりだったり、最終成果に近い活動をした人の活躍ばかりだったりが目に入ってきてしまいがちです。しかし、特定のメンバーにのみ光を当て、他のメンバーの活躍をうっかり見落としてしまうと、光が当たらなかった人の意欲は大きく減退します。

　マネジャーとしては、良かれと思ってメンバーに光を当てているつもりでも、特定の人だけに光が当たることで、陰となってしまったメンバーの意欲を大きく下げてしまうこともあるのです。

　ですから、**メンバーにスポットライトを当てる際には、チームの活動に関連して、どんなところにスポットライトを当てられそうかを書き出すとともに、チーム内の誰にどんなスポットライトを当てたかを**図表

図表 STEP4-4 各メンバーのスポットライト記録の例

メンバー名	スポットライトを当てた日・内容・方法
Aさん	3/5 業界情報をタイムリーに収集してチームに共有していることを チーム会議で言及して称賛
Bさん	4/2 誰の担当でもないトラブルについて、率先して対応に当たったこ とを社内SNSでチームに共有

STEP4-4 に記したような形で記録しておくようにします。そうすると、スポットライトの偏り、見落としを防ぐことができます。

　また、大きな成果が出たときには、最終成果に近い人だけではなく、その成果が出るまでのプロセスに関わった全ての人をリストアップし、言及する配慮が求められます。全てのプロセスに関わる人に光を当てることで、各メンバーがそれぞれの分野で強みを活かし、リーダーシップを発揮していく自信と意欲が育まれていきます。

　なお、「励まし」「問いかけ」の声かけや、各メンバーの活躍に「スポットライト」を当てる働きかけは、マネジャー以外のメンバーにもできることです。実際、先ほど記したテッセイの「エンジェルリポート」は、現場のスタッフからの発案で生まれた取り組みだといいます。**マネジャーからは見えない、メンバーだけに見えている各メンバーの強みや活躍もあるため、メンバー同士で励ましや感謝、称賛を伝え合うほうが効果的な場合も少なくありません。**

　多数の学級崩壊したクラスを再生してきたことで知られている教育研

究家に、菊池省三氏という方がいます。菊池氏は、学校運営をする際に
たびたび「ほめ言葉のシャワー」を実践してきたといいます[91]。「ほめ言葉
のシャワー」とは、1人の生徒についてクラス全員が良いところを褒める、
という活動です。これを日々順番に全生徒について実施していきます。
「ほめ言葉のシャワー」を繰り返していくと、皆がクラスの他の生徒の良
いところに関心を向けるようになります。また、他者から褒められること
で自分の強みやオリジナリティへの理解を深め、自信、意欲を高めていく
ことができるといいます。この活動は、NHK の「プロフェッショナル仕
事の流儀」など、様々なメディアでも取り上げられました。

　図表 STEP4-1 で紹介した「チーム活動のなかで発揮される強みや役
割」シートを、こうした取り組みに活用することもできます。各メンバー
について、他のメンバー全員が、その人の強みだと思う内容にチェック
をつけ、具体的にそれを感じたエピソードを記入して本人に渡す場をつ
くれば、「ほめ言葉のシャワー」に近い場を職場のチーム内でも設定す
ることができます。このような活動を定期的に組み込むようにすると、
他のメンバーの強みや活躍にメンバー全員が目を向けるようになり、一
人ひとりが「キャラ立ち」していきます。

　**シェアド・リーダーシップな全員活躍チームを実現するためには、メ
ンバーの強み、自信、意欲を最大化していくための働きかけに、このよ
うにメンバーにも徐々に参画してもらうことが大切です。**初期段階では、
マネジャーが主となってチームに働きかけをする必要がありますが、
徐々にメンバーにもシェアド・リーダーシップなチームづくりに関与し
てもらうようにしていきます。

91 菊池省三・本間正人・菊池道場.（2016）. 個の確立した集団を育てるほめ言葉のシャワー決定版.
　　中村堂.

メンバーに「自己プロデュース」を促す

　マネジャーが、各メンバーに「スポットライト」を当て、それぞれの強みによって各メンバーが「キャラ立ち」してきたら、次は、メンバーが、自ら「自己プロデュース」をできるように促していきます。メンバーが、自身の活動をチームの内外、ときには社外へも発信し、自らスポットライトが当たる舞台を探せるように後押ししていくのです。メンバーそれぞれが、自身の活動をチーム内外、ときには社外でも率先して発信することには、次のような多くのメリットがあります。

> ▶ 活動に対するフィードバックが得られ、さらに活動をブラッシュアップすることができる
> ▶ メンバーやチームがブランディングされる
> ▶ メンバーが活躍できる場が広がり、連携できる相手が増える
> ▶ メンバーの力がより高まる

　最初は、チーム内の SNS グループやミーティングでの発信からはじめてもらい、人前で自身の活動について発信することに慣れてきたら、社内の少し大きめの発表機会や、社外向けのセミナー、イベント出展などの機会もどんどん活用するように促していきます。

　最近では、自社の技術や新たな取り組みなどの情報を社内外に向けて発信する「技術広報」も普及しつつあります。例えば、コミュニケーションアプリの LINE を運用する LINE 社と、広告やイーコマース事業など手掛けるヤフー社では、それぞれ「LINE DEVELOPER DAY」「Yahoo! JAPAN Tech Conference」という技術カンファレンスを開催し、社員が最先端の技術や挑戦的な活動について社外に発信する場を設けていました。LINE 社とヤフー社は、2023 年 10 月に LINE ヤフー社として統

合されましたが、その約1年前の2022年11月には、合同で「Tech-Verse」というカンファレンスを開催し、他社も交えて、社員の活動や最先端の技術を対外的にも紹介する場を設けていました。

　同社以外にも、自社の社員の目覚ましい活躍や新たな取り組み、新サービス、新事業が生まれた背景などをホームページの専用サイトやオンラインイベントなどで発信している企業は多数あります。メンバーの活動にスポットライトが当たるこうした舞台は、会社やマネジャーが用意するだけでなく、メンバー自らがリーダーシップを発揮して、場や機会を開拓し、「自己プロデュース」できるよう仕向けていきます。

　なお、メンバーに「自己プロデュース」のための活動を促進するためには、マネジャー自身も率先して社内外で発信活動を行うことが大切です。マネジャーが積極的に社内外で活動発信のための場を開拓し、発信している背中を見せることは、メンバーにとって大きな刺激になるからです。そのためにも、STEP 1でご説明したように、チーム活動をはじめる前の段階から、マネジャーは、自分が「少し未来にできるようになっていたいこと」、自分の「時間配分」などを、事前にイメトレしてからチーム活動に臨むことが重要なのです。

第 6 章

STEP 5
境界を揺さぶる

1 イメトレしてはじめる

2 安心安全をつくる

3 ともに方針を描く

4 全員を主役化する

STEP

5 境界を揺さぶる

STEP 4では、「全員を主役化」し、メンバー一人ひとりの強みや自信、意欲を最大限に引き出すために必要となる仕事のアサインの仕方とマネジャーの働きかけについてお伝えしました。個々のメンバーの強みや自信、意欲を最大限に引き出し、力を高める準備が整ったら、いよいよ、シェアド・リーダーシップな全員活躍チームをつくるための最終仕上げに進みます。

STEP 5では、チーム内の様々な「境界を揺さぶる」ことで、メンバー間の連携や相互刺激をさらに促進させるための働きかけについてお伝えしていきます。

新たな連携や相互刺激を生むために境界を揺さぶる

全員活躍チームへの最終仕上げ

どれほど個々のメンバーの力が高まっても、それぞれの力が個人内にとどまり、チームとしての力が発揮できなければ、シェアド・リーダーシップな全員活躍チームとはいえません。逆に、チームのなかで、チームの目標達成に向けて、メンバー間の連携や相互刺激の関係があちこちに生まれるような状態がつくられると、メンバー間で相互にリーダーシップを発揮し合う機会がどんどん増えていきます。メンバー間で相互にリーダーシップを発揮し合うシェアド・リーダーシップな全員活躍チームが実現すると、第1章でもお伝えしたように、「業績」「イノベーション」「チームメンバーの満足度」「メンバーのリーダーに対する評価」などが向上し、様々な良い効果につながっていきます。

では、チームのなかで、連携や相互刺激の関係があちこちで生まれる

ような状態をつくるためにはどうしたらよいでしょうか。私たちが、シェアド・リーダーシップな全員活躍チームを実現しているマネジャーの方々へ行った調査から見えてきた**キーワードは、「境界を揺さぶる」こと**でした。私たちがインタビューをさせていただいたマネジャーの方々の多くは、チーム内のあらゆる「境界を揺さぶる」ことで、チーム内での連携や相互刺激を促進する働きかけをしていたのです。ここでいう「境界」とは、個人とチーム両方にとっての様々な範囲や慣習、基準などの境目を意味します。

　皆さんは、普段、チーム活動を進めていく際にどのようなことを意識されているでしょうか。いくつか意識されていることのなかで、こうした「境界を守る」ことは含まれていませんか。例えば、一度決めたメンバーの「担当」の境界を守る、チームで決めた「手順」の境界を守るといったように…。スムーズにチーム活動を進めていくためには、このように一度決めた境界を守ることは重要なことです。しかし、チーム内で予定外の連携や相互刺激を促進していくためには、ときには「境界を揺さぶる」ことも重要といえそうです。以下では、「境界を揺さぶる」ためのポイントを5つにまとめてお伝えしていきます。

①「チーム学習」で「専門性の境界」を揺さぶる
②「知と活動の見える化」で「担当の境界」を揺さぶる
③「見える化→手順化→手順崩し」で「手順の境界」を揺さぶる
④「チーム・リフレクション」で「行動の境界」を揺さぶる
⑤「他流試合」で「チームの境界」を揺さぶる

①「チーム学習」で「専門性の境界」を揺さぶる

　私たちが定性調査でインタビューをさせていただいたマネジャーの方々の多くが、まず意識的に行っていたのが、**チーム全員で新たなことを学ぶ「チーム学習」の機会を定期的に持つことでした。チーム全員で新たなことを学ぶ「チーム学習」の場を持つことで、チーム全体の「専門性の境界」を揺さぶる働きかけ**をしていたのです。

　このように「チーム学習」の機会を取り入れ、チーム全体の専門性の境界を広げると、様々な副次的効果が生まれます。

　まず、チームで新たな取り組みを推進しようとする際に、メンバーの認識が揃いやすくなります。メンバーの認識が揃うことで、新たな連携や相互刺激の関係も生まれやすくなります。例えば、先ほどのSTEP4で紹介した技術広報を自分たちのチームでも実践しようとしたとします。チームとして新たに取り組むことなので、技術広報について、メンバー全員で「チーム学習」の機会を最初に設けます。すると、チーム全

図表 STEP5-1「チーム学習」で「専門性の境界」を揺さぶり、
　　　　　　　チーム全体の専門性の境界を広げて、新たな連携と相互刺激を促す

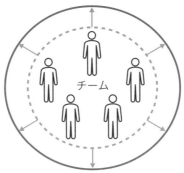

チームの「専門性の境界」が広がり、
実行できることが増える

体の技術広報に関する「専門性の境界」が広がります。その結果、「自分たちのチームの技術広報はどの程度進んでいるか」「今後は、チームで新たにどのような可能性を探っていくことが必要か」といった認識合わせがチームでしやすくなります。チーム内の認識が合うことで、「この部分は私と○○さんで連携して動こう」というように、新たな相互連携が生まれやすくなります。相互連携の機会が生まれると、他のメンバーの動きもよく見えるようになるため、互いに刺激を受ける機会も増えていくというわけです。このように、「チーム学習」は、チームにとって新しい取り組みをはじめる際、チームの認識を合わせ、新たな連携や相互刺激を生み出すことに役立ちます。

　また、「チーム学習」は、チーム内で誰が何に詳しいかを互いに知るうえでも有効です。「チーム学習」を行う際は、チーム外の専門家から全員が一斉に新たなことを学ぶ機会だけでなく、チーム内の誰かが詳しいことを他のチームメンバーに教える機会を設定する形でも行うことができます。こうした機会があると、「このメンバーはこの領域で高い専門性を有しているのだな」と、**誰が何に詳しいのか、どんな強みを持っ**

図表 STEP5-2「チーム学習」で「専門性の境界」を揺さぶり、個人の専門性を
他のメンバーにも広げることで、新たな連携と相互刺激を促す

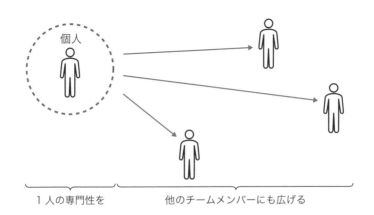

ているかを全員が理解することができ、新たな連携の機会を生み出すこ
とにもつながっていきます。

誰が何に詳しく、どんな強みを持っているのかを共有する

　このように、チーム内で誰が何を知っているかがチームのなかで共有
されている状態のことを、ハーバード大学で教授を務めた心理学者ダニ
エル・ウェグナー氏は、トランザクティブ・メモリー・システム（transactive
memory system）と呼びました[92]。**近年は、情報や知識の絶対量が膨大**
にあるため、全員が同じ知識を持つこと以上に、チーム内で"誰が何に
詳しく、どんな強みを持っているか"を共有している状態をつくること
が重要だとされています。トランザクティブ・メモリー・システムは、
組織学習やイノベーションの研究においても、近年とても注目されるよ
うになっています。実際、**トランザクティブ・メモリー・システムが形**
成され、誰が何を知っているかが共有されているチームほど、チームと
しての成果が高まることが研究では明らかにされています。チーム学習
の機会を頻繁に設ければ、チームのトランザクティブ・メモリー・シス
テムの形成にも良い影響を期待できます。
　例えば、アメリカの大手企業で行われた研究では、このトランザクティ
ブ・メモリー・システムに関して、**図表 STEP5-3** の結果を報告してい
ます[93]。図表に記載のいくつかの要因からチームの目標達成度に対して
影響を及ぼす要因を検証したところ、**チームの目標達成度に最も影響を**
与えていたのは、「専門性の認識の本人とチームの一致度」でした。「チー
ムの大きさ（人数）」や、「チームで使える知識のストック量」、「誰がど

92　Wegner, D. M.（1987）. Transactive memory: A contemporary analysis of the group mind. In B.
　　Mullen & G. R. Goethals（Eds.）, Theories of group behavior（pp.185-208）. New York: Springer.
93　Austin, J. R.（2003）. Transactive memory in organizational groups: The effects of content,
　　consensus, specialization, and accuracy on group performance. Journal of Applied Psychology,
　　88, 866-878.

図表 STEP5-3 「チームの目標達成度」にチームにまつわる要因が及ぼす影響

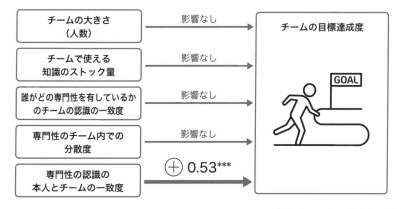

出所：Austin（2003）をもとに作図

- ▶「チームで使える知識のストック量」が多いだけでは、「チームの目標達成度」は高まらない。
- ▶「専門性の認識が本人とチームで一致」していると、「チームの目標達成度」が高くなる。

【注】目標達成度を従属変数とし、各変数を投入した重回帰分析の結果。調整済み R2 乗値は、0.49。図表内の矢印の数値は 1 に近いほど強い影響があることを意味します。数値の右上の * は有意水準を示しており、* の数が多いほど示された関係には統計的に意味がある可能性が高いことを意味します（* = 10％有意水準、** = 5％有意水準、*** = 1％有意水準）。

の専門性を有しているかのチームの認識の一致度」「専門性のチーム内での分散度（チーム内に異なる専門性がどの程度あるか）」などは、「チームの目標達成度」には影響を与えていませんでした。**つまり、チーム内に実際にどのくらい使える知識や専門性があるかということよりも、本人が強み、得意だと思っている専門性について、チーム全体が同様の認識を持っていることが、チームで効果的に目標達成をするためには重要だったということです。自分が持っている専門性、強みを、各メンバーが他のメンバーに教えるような形での「チーム学習」の機会が設けられれば、チーム内で各自の専門性、強みについて自他の認識の一致度が高**

まっていくことが期待できます。

　さらに、「チーム学習」は、メンバー間の関係性にも良い影響を及ぼすことが期待できます。複数のメンバーで協同して学ぶ「チーム学習」の機会では、個々人の考えや考えの背景を共有する機会も多数生まれるからです。互いの人となりや経験のバックグラウンドへの理解が深まれば、メンバー間の関係性も築かれやすくなります。

　「チーム学習」によって、メンバー間で良い関係性が築かれていれば、状況に応じて教える人、教わる人が入れ替わったり、リーダー役とフォロワー役が臨機応変に入れ替わるということもスムーズに行われやすくなります。チームで勉強会などを開催する機会に、企画をリードする人、サポートする人、学ぶ人を意図的に常に変えることで、チーム内でのリーダーシップ役割の固定化を防ぐといったことも可能です。

　このように「チーム学習」は、チーム全体の「専門性の境界」を広げる、個人の「専門性の境界」をなくして他のメンバーへ知見を広げる、メンバー間の関係性を良くする、リーダー役割とフォロワー役割の固定化を防ぐといった、シェアド・リーダーシップな全員活躍チームをつくるうえで必要となる様々な良い影響が期待できます。

②「知と活動の見える化」で「担当の境界」を揺さぶる

　私たちがインタビューをさせていただいたマネジャーの方たちの多くが、チーム内での相互刺激と連携を促進するために行っていた2つ目の働きかけは、**各メンバーが持つ「知」や各メンバーの「活動」をチーム内で徹底的にオープンにして見える化し、常に全メンバーに見える状態をつくる**ことでした。ここでの「知」とは、メンバーが持っている情報や知見、ノウハウを指します。「活動」とは、メンバーが日々取り組ん

図表 STEP5-4 「知と活動の見える化」を徹底して
「担当の境界」を揺さぶり、新たな連携と相互刺激を促す

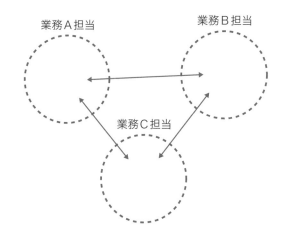

でいる業務の内容や進捗、新たな取り組みなどを指します。**全員が持つ「知」や全員の「活動」をオープンにして「見える化」することで、進捗が進んでいるメンバーや、優れた取り組みをしているメンバーから他のメンバーが刺激を受けることができます。また、逆に、進捗が遅れているメンバーや問題を抱えているメンバーがいる際も、状況が見えることで、メンバー同士の助け合い、関わり合いなどの新たな連携が促されます。**

　チーム活動においては、一般に、担当がいったん決まると、同じ担当を担うメンバー間でのコミュニケーションは密に行われますが、担当外の人とのコミュニケーションの機会は乏しくなります。そのため、他の業務がどのように進められているか、どの程度進捗しているか、といった情報が見えにくくなります。**図表 STEP5-5** を見てください。チーム内で「知と活動の見える化」がされないと、チーム全体としてのコミュニケーションが希薄化し、各自がノウハウを抱え込んだり、業務が属人化したりするようなことが起きてきます。メンバーは、自分の担当業務

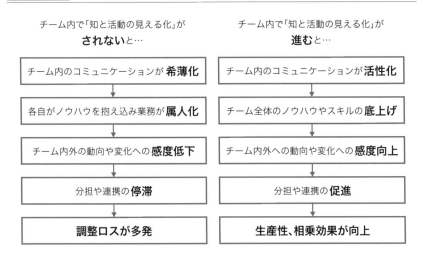

図表 STEP5-5 「知と活動の見える化」がもたらす影響

チーム内で「知と活動の見える化」が
されないと…

チーム内のコミュニケーションが **希薄化**
↓
各自がノウハウを抱え込み業務が **属人化**
↓
チーム内外の動向や変化への **感度低下**
↓
分担や連携の **停滞**
↓
調整ロスが多発

チーム内で「知と活動の見える化」が
進むと…

チーム内のコミュニケーションが **活性化**
↓
チーム全体のノウハウやスキルの **底上げ**
↓
チーム内外への動向や変化への **感度向上**
↓
分担や連携の **促進**
↓
生産性、相乗効果が向上

以外にあまり関心が向かなくなり、チーム内外の動向や変化への感度も低下します。その結果、変化への対応が遅れる、それぞれが異なる方向に向かってバラバラに業務を進めてしまう、気づかぬうちに複数のメンバーが同じような業務を重複して進めてしまっている、といった具合に分担や連携の停滞も生じてきます。**「知と活動の見える化」がされないことで、チームのあちこちで調整ロスが多発するようになるのです。**

その逆に、チーム内で「知と活動の見える化」が、「担当の境界」を越えてなされると、チーム内のコミュニケーションが活性化されます。コミュニケーションが活性化すると、互いの「知」が共有されるようになるため、チーム全体のノウハウやスキルの底上げにつながります。他のメンバーの「知」や「活動」、その背景が見えるようになることで、自分の担当業務以外にも関心が向くようにもなります。すると、チーム内外の動向や変化への感度も高まり、対応が必要となる変化にもいち早く気づけるようになっていきます。メンバー間の「担当の境界」は徐々に絶対のものではなくなり、必要に応じて柔軟に異なる担当のメンバー

同士で新たな分担や連携も生まれるようになります。その結果、チームにおける生産性や相乗効果の向上も期待できるようになります。

　ただし、チーム内での「知と活動の見える化」により生み出されるこうした良い循環は、単に「見える化」さえすれば生まれるものではありません。チームに良い関係性の土台ができあがっていてこそ、こうした良い循環は生じます。メンバーにとってチームが「安心安全な場」と認識されていなければ、そもそも見える化が進みませんし、仮に見える化が進んだとしても、良い連携や相互刺激の関係創出はあまり期待できません。

　そのため、マネジャーは、STEP 2の早い段階から、チームに「安心安全をつくる」とともに、本章のSTEP 5の冒頭で説明したように「チーム学習」の機会などを設けて、チームに良い関係性の土台を先に築いておく必要があります。

「知と活動の見える化」を行う目的を明確に伝える

　チーム内で「知と活動の見える化」を進めるにあたっては、マネジャーは、何のために「見える化」を徹底したいと考えているのか、その目的をチーム全体に明確に伝えることが大切です。

　見える化する目的は、これまでにお伝えしてきたように、チーム内での連携と相互刺激を促進するためです。マネジャーがメンバーを監視するために行うのではありません。こうした目的は、口頭でさらっとメンバーに伝えるだけではなく、いつでもメンバーが目にする場所に、文字でも明示するようにしましょう。

　さらに、マネジャーは、見える化を進めた後、メンバーが相互に物事を改善したり、相手を支援したりするために建設的な発言をしているかどうか、常に注意を払う必要があります。「知と活動の見える化」によっ

て、メンバーから他のメンバーへ建設的ではない批判的発言が見られるようになった場合は、マネジャーは、チーム内の安心安全な場を維持するために直ちに介入する必要があります。マネジャーや他のメンバーを「自分の活動を支援してくれる信頼できる存在」と見なすことができなければ、メンバーは、積極的に自分が持つ知や自分の活動状況を共有したいとは思えないものです。

目標と現状のギャップは常にシビアに把握し、より良い行動を追求し続ける必要がありますが、「知と活動の見える化」は、個人を責めるためではなく、連携や相互刺激を促進するために行うものであることを、マネジャーは、メンバーに繰り返し伝えるようにします。

「ルール決め」「ハードルダウン」「メリットづくり」で見える化を進める

「知と活動の見える化」を行う目的を明確にチームに伝えたとしても、それだけでスムーズにチーム内で見える化が進むというものではありません。見える化を促進するためには、そのための仕組みづくりが必要です。見える化を促進する鍵は「ルール決め」「ハードルダウン」「メリットづくり」です。順に見ていきましょう。

》ルール決め

チーム内の見える化を進めるためには、まずはルールづくりが不可欠です。メンバーに「どんなことでもいいので、できる限り情報共有をしてほしい」などと伝えても、どんな情報を、誰に、どのように共有すればよいか、メンバーがいちいち判断に迷ってしまうようでは、チーム内での見える化は進みません。

マネジャーは、予め、メンバーに「何を」共有してほしいか、「どのように」共有してほしいか、共有するためのツール、共有のフォーマット（型）を決めて明示します。情報を共有する範囲は、原則はメンバー

全員です。特定のメンバーにしか役に立ちそうにない、と思われる情報であっても、共有しておくことで、今、チーム内で何が起きているのかがわかり、別のメンバーの活動やメンバー間でのリーダーシップ発揮に役立つこともあります。

　共有するツールと共有方法のフォーマットが決まったら、実際にそのツールとフォーマットを使って、マネジャーがいくつか例を示すとメンバーもイメージが湧きやすくなります。チーム内で情報共有を進めるにあたっては、最低限、次の点は予め決めておくようにしましょう。

Why　　「何を目的として」

What　　「どんな情報を」

Where　「どのツールで」「どのチャネルで」

How　　「どのようなフォーマット（型）で」

When　　「どのような頻度で」

Who　　「誰が情報をアップするか」
　　　　　「誰が情報を整理・管理するか」

　忘れられがちでありながらとても重要なのが、最後の「誰が情報を整理・管理するか」のルールです。最近は、社内SNSツールも様々なものが使用されており、情報共有は比較的手軽に行えるようになっています。しかし、情報が常時溢れすぎてかえって誰も見ていないというケースもあります。そこで、「フロー情報」としてタイムリーに各自が情報共有しながらも、それらを「全員が見るべき情報／特定の人だけが見ればよい情報」「種類別に整理して保存しておく情報（ストック情報）」などに仕分けて管理をする人を決めておくことが必要です。

　一方、見える化を進めようとしても、そもそも情報が集まらないというケースもあります。そうした場合は、チーム内での見える化が軌道に乗るまでは、メンバーの何人かに内々に声をかけて、率先して協力して

もらう工夫をします。チーム内で活動の進捗が進んでいる人、優れた活動を行っている人、知見や情報を集めるのが得意な人などに、率先してチーム内での情報共有をしてもらうように依頼します。このとき役立つのが、STEP 4で整理した各メンバーの強みです。それぞれが強みを持つ分野に着目し、その領域に関する「知」や「活動」を積極的に発信してもらえるようマネジャーから働きかけます。

　また、少しユニークなアプローチとしては、次のような方法もあります。私たちがインタビューをさせていただいたあるマネジャーの方は、チーム内でも一番情報を閉じている人にあえて頭を下げて協力をお願いし、チーム内での「知と活動の見える化」を促進していったと話されていました。

　このようにチーム内で様々な側面で影響力がありそうな人に個別に依頼するなどし、見える化が軌道に乗るまでは、マネジャーが様々な工夫を考え、チームに働きかけていきます。

》》ハードルダウン

　メンバーが、「知と活動の見える化」をしたがらない場合は、そのハードルが高いことが原因となっていることがあります。そうした場合には、メンバーが使いやすいツールを選び、極力簡易に入力できる形式、量にとどめる工夫をします。

　最初のフォーマット（型）はマネジャーが案を示しますが、見える化や情報共有を進めやすいフォーマット（型）や運用の仕方については、メンバーからどんどんアイデアを募り、反映させていくようにします。負担なく、全員が「知」や「活動」に関する情報を共有、活用できるアイデア出しの場を、3カ月あるいは半年に1回などのペースで定期的に設定するようにします。情報共有をしやすい方法についてメンバーから直接アイデアや意見を出してもらうことで、メンバーもより主体的な参画へと変わっていきます。改善に向けて自らアイデアや意見を述べると、

自分も実施しなければという責任感も湧いてきます。

≫ メリットづくり

　「知と活動の見える化」を促進するためには、見える化することによるメンバーのメリットを増やし、情報共有をすることで報われる風土づくりをすることも大切です。

　情報共有を促進する要因について検証したある研究では、情報を共有した人が、価値ある情報を共有できているという自信を持てることや、組織的な報酬が与えられることによって情報共有が促進されることを明らかにしています[94]。この構造を応用したものが、大手ネット通販サイトのAmazonが行っている商品レビュアーの表彰制度です。Amazonでは、定期的に商品のトップレビュアーを表彰しています。表彰されたレビュアーは、「Amazon Vine 先取りプログラム」という招待制のプログラムに参加することができ、商品を無料で体験し、レビューをする機会が与えられます[95]。こうした仕組みがあることで、情報提供をしたレビュアーは、自分が価値ある情報を提供しているという自信を高め、さらにレビューによる特典を得ることで情報提供により積極的になります。

　組織やチームの内部でも、レビュアーの表彰制度での運用のように、有用な情報を提供した人や活動状況をこまめに共有している人が報われる仕組みをつくることが大切です。例えば、「誰かが有用な情報を共有した際には必ずお礼を伝え合う」といったちょっとした習慣も情報共有の促進に役立ちます。それ以外にも、「一定期間内に最も情報共有を行った人を表彰する」「メンバー一人ひとりが、他のメンバーのどの情報共有によってどのように助かったか、毎月1回、具体的に感謝を記して共有する」などといった試みも考えられます。率先して数多くの情報共有

94　Kankanhalli, A., Tan, B. C. Y., & Wei, K.-K. (2005). Contributing knowledge to electronic knowledge repositories: An empirical investigation. MIS Quarterly, 29, 113–143.
95　https://www.amazon.co.jp/vine/about

をした人だけが参加できる、食事会や勉強会の機会を設けるといったプレミア感を演出する工夫も考えられます。

どうすれば情報共有をした人の自信を高め、「情報共有をして良かった」と思えるか、"心理的な報酬"の仕組みをつくることが重要です。こうした仕組みづくりについても、アイデアを考えることが得意なメンバーにどんどんリーダーシップの発揮を任せていきましょう。

一方的な批判、叱責が投げかけられる風土はないか

皆さんのチームでは、チーム内で「知と活動の見える化」を行った結果、マネジャーや他のメンバーから、特定のメンバーが一方的に批判的なコメントや意見をされることはないでしょうか。いつもではないとしても、ときに共有された内容について、「これはおかしい」「進捗が遅い！」「…のように進めてくれないと困る！」といった厳しい言葉だけがメンバーに向けられることはないでしょうか。

ここで1つ強調しておきたいのは、**メンバー全員の「知と活動の見える化」をするのは、チーム内での連携、相互刺激を促進し、シェアド・リーダーシップな全員活躍チームを実現するためである**、ということです。**決して進捗が停滞しているメンバーに対して一方的に批判したり、メンバーのミスを指摘して吊るし上げたりするために見える化をするわけではありません**。そのような空気が少しでも生じると、メンバーは自分が持つ「知」や自分の「活動」に関する情報共有をためらうようになり、不都合な情報は隠すようになります。

他者の落ち度を批判、叱責することは、自分の優位性が示されたように感じるため、批判、叱責をした側に快の感情をもたらします。ですが、批判や叱責を受けた側は緊張状態となり、思考停止に陥るとともに極度

の不快感情を覚えます。そこに建設的な代案や支援的な態度が伴っていなければなおさらです。批判や叱責は相手のためにしている行為のように見えて、実は批判、叱責する側が自らに快の感情を呼び起こすための行為でもある、ということは常に意識しておくべきでしょう。

　臨床心理士の村中直人氏は、著書『〈叱る依存〉がとまらない』のなかで、叱るという行為について、「人の脳は、他者を罰することで快の感情を得る。そのため、誰かを叱ったり批判したりしていないといられない状態に陥っていく」と、解説しています。批判や叱責をすると、それを受けた側は即座に神妙な表情になるため、批判や叱責をした側は、相手の変化を直接的に感じることができ、自分の優位性を感じます。ですが、批判、叱責を受けた側は、緊張や不快の感情により思考停止となり、創造的に物事を考えられない状態になります。長期的な視点で見ると、相手の変化という点では良い影響は期待できません。どれほど批判や叱責をされても、どのように改善したらいいのか、その方法が見つからない限りは、また同じことが続いてしまうからです。そればかりか、批判や叱責を恐れて情報を隠すようになったり、物事が順調に進んでいるように見せかけようとしたりするなど、批判や叱責をした側が望む行動とはむしろ真逆の行動を招いてしまうことも多々あります。批判や叱責を受けた側は、モチベーションが大きく下がるため、意欲的に解決方法を探索する動きにもなかなか向かいません。

　叱ったり、批判したりする行為は、前提に上下関係など権力の非対称性がある場合や、批判や叱責によって相手にネガティブな感情体験をさせることで自分の優位性を示そうとする、いわゆる「マウンティング」がなされる際によく行われます。批判、叱責をする人は、自分の考えや判断は「正しい」、相手の考えや判断は「間違っている」と思い込んでいるため、自分が批判や叱責をしないことには、相手は正しく行動を変

えられないと考えます。ですが、相手には、相手の背景や文脈に基づく判断や行動があります。単に一方的に**叱責や批判をすることによって人が長期的に変わることは、先ほど説明したように、実はほとんどありません。真に理解、納得し、必要な行動を起こしたいという意欲を喚起できない限りは、行動の変化や継続にはつながらないのです。**結局、単に一方的に批判や叱責をしたところで相手の行動が長期的には変わらないため、批判や叱責の行為はエスカレートし、「叱る依存がとまらない」構造に陥ってしまうのだと村中氏は著書のなかで述べています。

　メンバー全員の「知と活動を見える化」をする目的は、あくまでも連携と相互刺激を促進することです。連携によってチームから建設的な意見や代案を集め、物事を前進させたり、相互に刺激を受け合って活動水準を高めてより良い成果を生むためです。特定のメンバーを皆で「批判」したり、「叱る」ためではない、ということを自身にもメンバーにも言い聞かせる必要があります。もしも建設的でない一方的な批判や叱責が特定の個人に向けられた場合は、それをきちんと問題視し、マネジャーが場に介入していかなければ、チーム内の安心安全な場は維持できません。どちらかが完全に「正しい」、どちらかが完全に「間違っている」という状況はほとんどありません。ですから、マネジャーも含め、皆が上から物を言うような態度は慎み、フラットに意見交換をできる場を維持できるよう、マネジャーはチームに働きかけていくことが必要です。

　STEP 4「全員を主役化する」の箇所でも述べたように、気になる点や進捗の停滞がある際は、マネジャーもメンバーも、まずは相手に現状に至った背景や理由、改善に向けた取り組みについて、相手に「問いかけ」る習慣をつくりましょう。「問いかけ」によって、メンバー本人から背景や理由、改善に向けての取り組みの状況を確認したうえで、マネジャーや他のメンバーは自分の意見や代案を述べます。そして、自分の

意見や代案を述べた後、必ず、当事者に「私はこう考えたのですが、どう思いますか？」と本人の意見を再度聞きます。気になる点、進捗の停滞があるときも、このように相手の理解、納得を尊重したやりとりを行います。遠回りに見えるようでも、こうした丁寧なやりとりをチーム全体で心がけることで、チームの安心安全な場が維持されるとともに、チーム内で信頼が育まれ、メンバーの強みや自信、意欲が引き出されやすくなります。

③「見える化→手順化→手順崩し」で「手順の境界」を揺さぶる

全員参画による課題解決を「仕組み化」する

メンバーの「知と活動の見える化」を進めていくと、各メンバーのノウハウや仕事の進め方がチーム全員に見えるようになります。特定のメンバーが持っているノウハウや仕事の進め方で優れたものがあれば、それを「手順化」し、チーム全体に広げていくこともできます。こうした取り組みを会社全体で効果的に「仕組み化」している企業もあります。

「無印良品」や「MUJI」ブランドの商品開発、製造、販売を行う良品計画もそうした企業の1つです。同社の「MUJIGRAM」という取り組みは、一橋大学名誉教授の野中郁次郎氏とジャーナリストの勝見明氏の著書『全員経営—自律分散イノベーション企業　成功の本質』[96]をはじめとし、様々なメディアで紹介されているので、ご存じの方もいらっしゃるかもしれません。

---

96 野中郁次郎・勝見明.（2015）.全員経営—自律分散イノベーション企業　成功の本質.日本経済新聞出版.

良品計画の営業収益は、決算期の変更があった 2020 年 8 月期を除くと、2012 年から 2023 年まで連続して上昇し続けています[97]。しかしながら、そんな良品計画も過去 2001 年 8 月の中間期決算では 38 億円もの赤字を計上し、業績がどん底に落ちたことがありました。野中氏らの著書では、同社がそこから全員経営の仕組みを導入して復活を遂げた軌跡が詳細に解説されています。

　当時の良品計画では店長による売り場での商品の陳列方法、商品担当者の帳票づくりなど、あらゆる仕事の進め方が「見えない化」され、仕事に個人がつくのではなく、個人に仕事がつく状態が散見されていたといいます。仕事のやり方が共有されず、業績が上がった場合も下がった場合も「○○さんのやり方は良かった」「△△さんの進め方はまずかった」と結果責任は全て個人に帰されていました。

　そうしたなか、社長に就任した松井忠三氏は、全店舗の業務を「見える化」し、標準化するために、「MUJIGRAM」づくりに着手します。「MUJIGRAM」とは、良品計画の最善の仕事の仕方をマニュアルに結集したものです。現場の店舗のあらゆる人たちからより良い業務の進め方の声を徹底して拾い上げ、そのノウハウを「MUJIGRAM」に集約していきました。それまで個人や少数の担当者のなかにとどまっていた良いノウハウや手順を徹底的に「見える化」し、それを組織全体に浸透させる「仕組み化」を行ったのです。その結果、組織全体で業務の進め方のレベルが上がっていきました。それだけでなく、スタッフの創意工夫の意欲も高まり、自主的に行動する風土が醸成されたといいます。こうした事例からも、「知と活動の見える化」をする流れをうまく「仕組み化」し、各自が自主的に行動する風土をつくることで、新たな連携や相互刺激が生まれやすくなることがわかります。

97　良品計画（2024）MUJI REPORT2023.

「見える化→手順化→手順崩し」のサイクルを回す

　良品計画の「MUJIGRAM」には、もう1つ特筆すべき優れた点があります。それは、現場で実際にマニュアルを使う人がその内容を更新することができ、常により良く改善していくことができるようになっていることです。店舗のスタッフが、業務を実際に遂行するなかで問題や改善できる点に気づいたら、マニュアルの改善案を店長に申し出ます。店長がマニュアルに反映すべき改善だと判断したら、本部に情報が共有されます。本部を通じて関係部署で検討した結果、改善すべき案として採用されると「MUJIGRAM」に反映され、全店舗に新たなマニュアルが展開されます。つまり、個々のノウハウが「見える化」「手順化」されているだけでなく、業務遂行を重ねてさらにより良いやり方へと見直しを図る「手順崩し」までもしっかりと仕組みとして組み込まれている、というわけ

図表 STEP5-6「見える化→手順化→手順崩し」の仕組み化で「手順の境界」を揺さぶり、新たな連携と相互刺激を促す

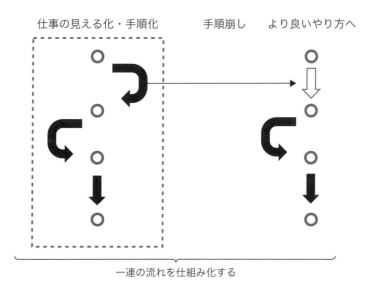

なのです。こうした「見える化→手順化→手順崩し」のサイクルを、良品計画では、特定のチームだけではなく組織全体で回しているのです。

このように、メンバーの「知と活動の見える化」を行い、メンバーのノウハウや仕事の進め方の「見える化→手順化→手順崩し」のサイクルをチーム全員で回していくことで、「これが最善」と考えられていた「手順の境界」に揺さぶりをかけることができます。変化の激しいビジネス環境にあっても、手順が古くなったり、提供価値が陳腐化したりすることを防ぐことができ、環境変化にうまく対応していくことができます。こうしたサイクルを回す過程では、様々な強み、リーダーシップが必要とされます。そのため、各メンバーの強みを活かしてリーダーシップを発揮してもらう絶好の機会ともなります。ですから、「見える化→手順化→手順崩し」の仕組みをつくり上げ、それをきちんと回していく活動は、チーム内の一部で行うのではなく、全チームメンバーが関わって行うのが理想的です。

④「チーム・リフレクション」で 「行動の境界」を揺さぶる

「行動」に焦点を当てて、チームでリフレクションをする

シェアド・リーダーシップな全員活躍チームをつくり、チーム全体の力を高めていくためには、「手順の境界」を揺さぶることに加え、「チーム・リフレクション（team reflectivity）」によって、各メンバーに定着している様々な「行動の境界」を揺さぶることも重要です。

チームで活動の振り返りを行う際はどうしても、「これは達成できた」「これは達成できなかった」などと、最終成果の達成、未達成だけを振り返るものになってしまいがちです。しかし、最終的な成果には、メン

図表 STEP5-7　「チーム・リフレクション」で各メンバーの
「行動の境界」を揺さぶり、新たな連携と相互刺激を促す

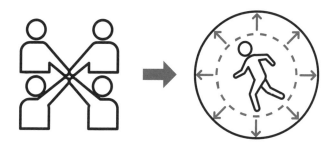

バーの努力以外の要因も多分に影響します。そのため、成果や結果の振り返りだけでは、そこに至るまでのメンバー行動において、良かった点、見直しが必要な点が見えにくくなります。また、成果の未達成だった点ばかりに焦点を当てると、責任追及や犯人探しといった減点主義的な評価にもなりがちです。

　最終成果だけではなく、チームで、自分たちの行動や仕事ぶりについても振り返りを行い、それらをより良くするための検討を重ねることは、複雑性が高く、変化のスピードが激しい現代の仕事においては、とても重要です。なぜなら、こうした仕事を扱うチームでは、「自分たちは今、何をしているのか」、「チーム目標にどの程度近づいているか」「用いている方法は適切か」といったことを常に振り返り、確認し合わなければ、変化に適応していくことができないからです。

　複雑性が高く、変化のスピードが激しい仕事における「チーム・リフレクション」の重要性を物語っている研究に、イギリスのテレビ局、BBC のチームを対象に行った研究があります[98]。世界を代表するテレビ

98　Carter, S. M., & West, M. A.（1998）. Reflexivity, effectiveness, and mental health in BBC-TV production teams. Small Group Research, 29, 583-601.

局の１つである BBC では、様々な情報が複雑に絡み合い、扱う情報、扱う技術面ともに、変化のスピードが非常に速い仕事環境にあるといえます。**図表 STEP5-8** は、BBC のチームにおける「チーム・リフレクション」による「チーム成果」への影響を検証した結果です。これを見ると、「チーム・リフレクション」は、「チームの大きさ（人数）」よりも、「チーム成果」の変動を大きく説明する要因であることがわかります。このように、今、変化の激しい仕事を扱うチームをはじめとし、「チーム・リフレクション」を行うことの有効性が様々に検証されはじめています。

　そこで、皆さんにもぜひおすすめしたいのが、この「チーム・リフレクション」です。

図表 STEP5-8 チーム・リフレクションによるチーム成果への影響

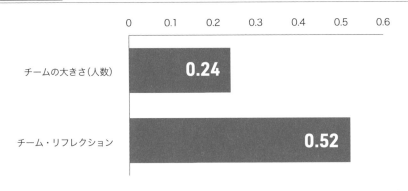

出所：Carter & West（1998）をもとに作図

▶「チーム・リフレクション」は、「チームの大きさ」よりも、「チーム成果」への寄与率が高い。
▶「チーム・リフレクション」は、「チーム成果」の変動を説明する重要な要因である。

【注】・階層的重回帰分析における寄与率（決定係数）を示しています。
　　　・寄与率は、０から１の値をとります。ここでは、寄与率が０の場合は、その要因が、チーム成果に全く影響を及ぼさないことを意味します。寄与率が１の場合は、その要因によってチーム成果の変動の全てを説明できることを意味します。

「チーム・リフレクション」は、様々な方法で行うことができますが、普段はあまり言及されることのない各自の行動について焦点を当てて、定期的に「チーム・リフレクション」の場を持つと、「行動の境界」を揺さぶることができます。例えば、「リーダーシップとフォロワーシップ」「自分が以前よりも改善できた行動」などのテーマについて、「チーム・リフレクション」を行うことが考えられます。このうち、最初の「リーダーシップとフォロワーシップ」をテーマにする場合は、例えば、次のような進め方で「チーム・リフレクション」を行うことができます。

「リーダーシップとフォロワーシップ」をテーマに
「チーム・リフレクション」を行う際の進め方の例

（1）まずは各メンバーが、リーダーシップに関して次の点を整理し、順番に発表する
- ▶直近3カ月の自分のリーダーシップ行動（5段階で評価）
- ▶具体的にどのような部分で、どのようにリーダーシップ行動を発揮できたか
- ▶チームの他のメンバーのリーダーシップ行動で、素晴らしいと思ったのはどんな行動か

（2）次に、各メンバーが、フォロワーシップ行動（他者のリーダーシップを支援する行動）に関して次の点を整理し、順番に発表する
- ▶直近3カ月の自分のフォロワーシップ行動（5段階で評価）
- ▶具体的にどのような部分で、どのようにフォロワーシップ行動を発揮できたか
- ▶チームの他のメンバーのフォロワーシップ行動で、素晴らしいと思ったのはどんなところか

（3）最後に、各メンバーが、次回の「チーム・リフレクション」のタイミングまでに実践したい、リーダーシップ行動、フォロワーシップ行動の各目標を決めて発表する

こうした形で、行動に焦点を当てて「チーム・リフレクション」を定期的に行うと、各メンバーが自分に定着している行動のうち、強みといえる点、見直しが必要な点について再認識をすることができます。また、他のメンバーの行動の優れた点に目を向けることで、新たな行動を自分に取り入れていくこともできます。

　「リーダーシップとフォロワーシップ」をテーマに「チーム・リフレクション」を行う際には、例で示したように、リーダーシップだけではなくフォロワーシップについてもあわせて検討するようにします。リーダーシップが生じるためには、誰かのフォロワーシップがあってこそだからです。**シェアド・リーダーシップな全員活躍チームを実現させるためには、誰もが、リーダーシップとフォロワーシップの両方を発揮し、その時々で柔軟に自分の動き方を変えていくことが求められます。**ですから、誰かのリーダーシップを支えるフォロワーシップについても検討テーマに組み入れ、自分や他者のリーダーシップとともに、フォロワーシップにも意識を払うようにします。

　こうして自分や他のメンバーの行動に目を向け、そのうえで、今後の行動の目標を決めることで、各メンバーの「行動の境界」に揺さぶりをかけ、チーム全体で行動のレベルを高めていくことができます。また、各メンバーのリーダーシップ、フォロワーシップ両面での強みがよく見えるようになるため、「チーム・リフレクション」をきっかけに、新たな連携や相互刺激も促進されます。

　行動にフォーカスした「チーム・リフレクション」の機会をチームで定期的に設けると、自分や他のメンバーの行動の優れた点に、メンバーが日頃から目を向けるようになっていきます。そして、自分の行動パターンにはなかった他のメンバーの良い点を取り入れようと刺激を受け、それぞれのメンバーが自分の「行動の境界」を広げていくことができます。チームメンバーがそれぞれに「行動の境界」を広げ、強みを持つ領域で

リーダーシップを発揮できるような状態を実現していけると、チームメンバーの自発的な「チーム・リフレクション」の機会も増えていきます。また、リフレクションの場でやりとりされる内容も、より豊かなものとなっていくため、チームの成果にも良い影響が期待できます。

　実際に、チームにおけるシェアド・リーダーシップのレベルが高まっていくと、「チーム・リフレクション」が活性化し、その結果、チーム業績にプラスの影響をもたらすことが研究では確認されています[99]（**図表 STEP5-9**）。皆さんのチームでもぜひ、「チーム・リフレクション」を取り入れ、「チーム業績」の最終成果だけではなく、最終成果に至るプロセス、「行動」にも焦点を当てる機会をつくってみてください。

図表 STEP5-9 「シェアド・リーダーシップ」が
　　　　　　　　「チーム・リフレクション」と「チーム業績」に及ぼす影響

出所：Chen et al.（2020）をもとに修正作図

▶「シェアド・リーダーシップ」は、「チーム・リフレクション」の機会を増やし、「チーム業績」に好影響をもたらす。

---

99 Chen, Z., Chen, Z., Yu, Y., & Huang, S. (2020). How shared leadership in entrepreneurial teams influences new venture performance: A moderated mediation model. Journal of Leadership and Organizational Studies, 27, 406–418.
　この論文では、「チーム・リフレクション」を「チームでの内省（team reflexivity）」という概念で表現しています。

⑤「他流試合」で「チームの境界」を揺さぶる

他流試合で、チームの「当たり前」を見直す

　チームメンバーの連携や相互刺激を促進するためには、チームを定期的に外に開くことも大切です。チーム外や組織外の人とともに新たなことを学んだり、交流したりする機会をつくることで、「手順」や「行動」に加え、物事の基準や慣習など、チームでは「当たり前」とされていることを見直す機会が生まれます。チームの「当たり前」を見直す機会があると、チームの硬直化を防ぐことができます。また、「他流試合」により、チーム外、組織外の人たちと「チームの境界」を越えた新たな連携や相互刺激の関係を築くことができます。

　チームは放っておくと時間が経過するにつれて硬直化し、パフォーマンスが下がっていってしまうものです。アメリカの大手企業における複数のプロジェクト・チームを対象とした研究では、時間の経過とともにチームメンバーの行動や役割分担のパターンは安定する一方、チームが組織内外の重要な情報に疎くなり、成果が下がってしまうことが明らかにされています[100]。**図表 STEP5-10** を見てください。チーム発足から2.5-3.5 年あたりまでは、「チーム成果」「チーム内コミュニケーション」「他部門とのコミュニケーション」「組織外の専門家とのコミュニケーション」のいずれも向上していますが、3.5-5.0 年あたりを境に、この全てが大きく低下しています。これは、時間の経過とともに、チームメンバーの行動、役割分担、チーム内外でのコミュニケーションの範囲などが固

---

100 Katz, R. (1982). The effects of group longevity on project communication and performance. Administrative Science Quarterly, 27, 81–104.

図表 STEP5-10 チームの経過年数と成果、コミュニケーションの推移

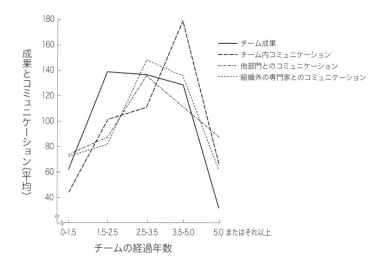

チーム成果
チーム内コミュニケーション
他部門とのコミュニケーション
組織外の専門家とのコミュニケーション

縦軸：成果とコミュニケーション（平均）

横軸：チームの経過年数　0-1.5　1.5-2.5　2.5-3.5　3.5-5.0　5.0 またはそれ以上

出所：Katz（1982）

▶ チームは一定期間を経るとコミュニケーション量も成果も低下していく。

定化し、それに伴って成果も低下してしまうためと考えられています。

　チーム全体で、チーム外、組織外の人と交流したり、ともに新たなことを学ぶ機会を持つことは、このように硬直化していく「チームの境界」に揺さぶりをかけるためのとても有効な方法です。「チームの境界」に揺さぶりをかけ、チーム外、組織外の人と交流を図ることで、チームにとっての「当たり前」が、「当たり前ではない」ことに気づくことができるからです。チーム外、組織外の人と交流することは、自分たちのオリジナリティや強みを認識する良い機会にもなります。

　チーム全体で、チーム外や組織外の人と交流することは、シェアド・リーダーシップな関係を、チーム外に広げていくうえでも有効です。シェ

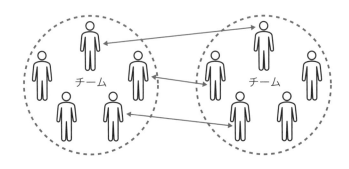

アド・リーダーシップな関係はチーム内だけでなく、「チームの境界」を越えて築くことができます。「チームの境界」を越えたシェアド・リーダーシップな関係が築かれれば、よりスケールの大きな成果を生み出す活動につながっていきます。チーム、組織の枠を越えて、流動的にチームができあがり、それぞれの強みを持つ人々が臨機応変にリーダーシップ、フォロワーシップを発揮していく…というのが、シェアド・リーダーシップの理想的なあり方です。

マネジャーは、チームの力を最大化するために、チームが持つオリジナリティや強みを見極め、チームの求心力を高めると同時に、チームを外へ外へと開いていくことも求められるのです。

第 7 章

シェアド・リーダーシップを
組織の力に

全員活躍チームを実現するまでの道のり

　ここまで本書を読まれたマネジャーの皆さんは、シェアド・リーダーシップについて、どのように受け止められたでしょうか。最後に、本書の内容を改めてまとめたいと思います。

　序章では、マネジャーを取り巻く5大変化を確認しました。現在は、課題や仕事の「複雑化」、労働力人口減少による「少数化」、メンバーの「多様化」、働く場所の「分散化」が生じており、これらの変化や、バブル入社世代から就職氷河期世代のマネジャーへの世代交代も相まって、マネジャーが深刻な「多忙化」に直面していることを確認しました。

　「複雑化」「少数化」「多様化」「分散化」「多忙化」の5大変化が同時に生じているなか、マネジャー1人だけのリーダーシップでは質、量ともに満たせなくなっており、現場の多くのマネジャーが、迷い、不安を覚えながらチーム活動を進めている様子が調査データから浮かび上がっていました。

　そんななか、シェアド・リーダーシップな全員活躍チームという新たなチームのあり方が生まれていることを第1章では確認しました。シェアド・リーダーシップな全員活躍チームを実現させることは、「業績」「イノベーション」「チームの満足度」「メンバーのリーダーに対する評価」の向上に加え、テレワークによる「求心力低下のカバー」を期待できるなど、様々なメリットがあることを研究データの裏づけとともにご紹介しました。

　第2章から第6章では、そんなシェアド・リーダーシップな全員活躍チームを皆さんの職場でも実現させるために、日本企業ですでにシェアド・リーダーシップを実現させているマネジャーの方々へ行った調査からの知見などに基づいて、マネジャーの皆さんに求められる行動のシフ

トの仕方について解説してきました。STEP 1「イメトレしてはじめる」、STEP 2「安心安全をつくる」、STEP 3「ともに方針を描く」、STEP 4「全員を主役化する」、STEP 5「境界を揺さぶる」の5 STEP モデルで、マネジャーの皆さんが、自分自身、チームメンバー、チーム全体へと働きかける上でのポイントを紹介しました。

各STEPでお伝えしてきた通り、シェアド・リーダーシップな全員活躍チームをつくるためにマネジャーの皆さんが行うべきことは、メンバーに仕事やリーダーシップ発揮にまつわる役割を丸投げすることではありません。シェアド・リーダーシップな全員活躍チームをつくるためには、逆説的ではありますが、最初はマネジャーが起点となってリーダーシップを発揮し、丁寧にチームに働きかけていくことが必要です。順を追って段階的にチームに働きかけていくことで、各メンバーの強み、自信、意欲はどんどん引き出され、一人ひとりがリーダーシップを発揮するような活躍を見せてくれるようになります。すると、マネジャーが関与しなければならない度合いがどんどん少なくなっていきます。

図表 7-1 シェアド・リーダーシップが実現するチームでは
マネジャーに求められる関与度は活動期間の経過とともに少なくなっていく

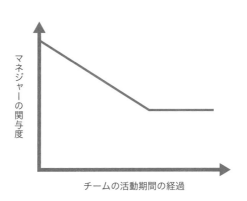

マネジャーの関与度

チームの活動期間の経過

シェアド・リーダーシップな全員活躍チームをつくるにあたって、一番手がかかるのは、**図表 7-1** に示したように、チームの始動時です。最初にしっかりと準備をしてチームに働きかけていくことで、メンバーは着実に育ち、各自がリーダーシップを発揮できるシェアド・リーダーシップな全員活躍チームが実現していきます。変化は少しずつ生じるため、最初は手がかかりますが、マネジャーが丁寧な働きかけを続けていくと、あるところからマネジャーが関与しなければならない場面が大きく減り、各メンバーがどんどん得意分野でリーダーシップを発揮してくれるようになっていきます。

　一方、**図表 7-2** のように、最初の段階で、マネジャーによる準備が乏しく、自分自身、チームメンバー、チーム全体への働きかけが不十分だった場合は、メンバーが育たず、チームの機能不全も生じ、活動期間の経過とともにマネジャーが関与しなければならない度合いがどんどん増えていってしまいます。

図表 7-2 初期の準備が不十分だと、マネジャーが関与しなければならない度合いは
　　　　　活動期間の経過とともにどんどん増えていく

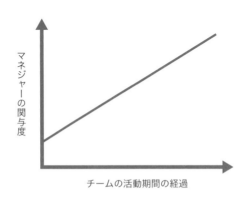

マネジャーの関与度

チームの活動期間の経過

　シェアド・リーダーシップな全員活躍チームをつくる道のりにおいて
は、最初がとても大変です。ですが、時間が経過するごとにそのメリッ
トをマネジャーの皆さんが享受できるようになります。一人ひとりのメ
ンバーが強みを持つ分野でリーダーシップを発揮できるような状態にな
るまで、マネジャーはSTEP 1から順に準備をし、チームに働きかけて、
伴走するつもりで臨みましょう。なかでも、STEP 1の「イメトレして
はじめる」は、特に重要です。マネジャーの皆さん自身が、真にシェア
ド・リーダーシップな全員活躍チームをつくることの効果と重要性を理
解し、「自分自身とチームをシフトする！」と強く決意をしなければ、
自分もチームもこれまでに馴染んでいる行動パターンに戻ってしまい、
シフト（変化）を阻んでしまうからです。かつての行動に戻りかけたと
きには、この本で皆さんが記入したいくつかのシートにぜひ立ち返るよ
うにしましょう。

全員活躍チームで育ったメンバーは
自らもシェアド・リーダーシップなチームをつくっていく

　皆さんのなかには、果たしてマネジャー1人からはじめてこのような
大きな変革を成し遂げることができるのだろうか、と不安に思われた方
もいらっしゃるかもしれません。確かにシェアド・リーダーシップな全
員活躍チームを実現するのは簡単なことではありません。しかし、**ビジ
ネス環境が大きく変わり、求められるリーダーシップのあり方も大きく
変化しつつある今、こうしたチームづくりをしていかなければ、これか
らの成果創出はますます難しくなっていきます。そして、働き手が加速
度的に減少していくなか、優秀な人材を集め、組織やチームに留まって
もらうためには、上意下達型ではない魅力ある職場づくりが今後は必須
になっていきます。**

　心配は要りません。シェアド・リーダーシップな全員活躍チームをつ

くる良さは、チームをつくっていく過程においても、メンバーとリーダーシップ役割を共有することができるところにあります。シェアド・リーダーシップな全員活躍チームはメンバーとともにつくり上げていくものであり、マネジャー1人の実践ではありません。ですから、マネジャーの皆さんが孤独に陥ることはなく、過度なプレッシャーを感じる必要もありません。

シェアド・リーダーシップな全員活躍チームは、チームの成果創出につながるだけでなく、個々のメンバーの力を大きく引き出すアプローチでもあります。シェアド・リーダーシップな全員活躍チームで育ったメンバーは、異動や昇進によって新たなチームで仕事をするようになったときに、今度は自分がシェアド・リーダーシップな全員活躍チームをつくろうと周囲に働きかけるようになっていきます。その結果、チームだけではなく組織全体がとても強いものになっていきます。

シェアド・リーダーシップな全員活躍チームは、トライアンドエラーを重ねながら、数カ月〜数年をかけてできあがっていきます。試みたらすぐに変化が現れる、というものではありません。ですが、取り組みを続けることでチームは少しずつ、必ず変わっていきます。

今回、私たちの調査に協力くださった多くの企業のマネジャーの方々が、ご自身の経験をもとに、そうしたプロセスを共有してくださいました。

次は本書をお読みになった、あなたの番です。まずはSTEP 1からです！　シェアド・リーダーシップな全員活躍チームが、皆さんの職場でも実現し、組織全体へと広がっていく最初の一歩をぜひ、踏み出してみましょう。

　マネジャーの皆さんが、それぞれの職場でシェアド・リーダーシップな全員活躍チームをつくっていくために役立つ知見をさらにお届けすることができるよう、私たちは今、新たな研究や実践的なプログラムづくりなどの取り組みに着手しています。私たちもまた、シェアド・リーダーシップな全員活躍チームをつくっていくための活動を、歩みを止めることなく続けていきたいと思います。

おわりに

堀尾志保

　シェアド・リーダーシップな全員活躍チームはいかに実現されるのか。本書で扱ったこのテーマは、企業でマネジャーを務めてきた私自身のテーマでもありました。

　マネジャーは決してスーパーマンでもなければ、全ての正解を知る存在でもありません。マネジャーになることは、努力や実力の「わずかな差」であることもあれば、「運」であったり、その時々の本人の「選択」によることもあります。

　しかし、多くの企業では、"役職者であるから"というとてもシンプルな理由で、マネジャーにリーダーシップの発揮が集中的に求められます。様々な角度から飛んでくる課題のボールに対して、マネジャーは、１人、打席に立ち、リーダーシップの発揮者としてボールを打ち返し続ける状況に置かれます。次々と飛んでくるボールに対峙することは、大きな成長の機会でもあります。そのため、課題のボールが対応しきれる質と量であったときには、多くのマネジャーがやりがいを感じ、ときには楽しんで、ボールに臨みます。しかし、昨今では、マネジャーのキャパシティや成長スピードをはるかに凌駕する勢いで課題の質、量が増大しています。組織やメンバー、自身の成長のために、と奮起をしても、ときに疲労困憊もすることもあります。

　しかし、周囲を見回してみるとどうでしょう。多くの企業の、多くのチームには、マネジャーの傍らに、自らも打席に立つ力が十分にあるメンバーが複数存在します。先に記したように、役職者になるかどうかは、

努力や実力の「わずかな差」のこともあれば、「運」や本人の「選択」によるところもあるからです。しかし、メンバーの多くは、"役職者ではないから"というこれまたシンプルな理由で、「自分が打席に立つことは歓迎されないのでは」と、リーダーシップを発揮することをためらいがちです。マネジャーの側も、"役職者ではないから"と、メンバーに打席に立つことを求めてよいものかとためらいを覚えます。その根底には、本書で繰り返し記してきたように、「リーダーシップは、マネジャーなどの役職に就く公式なリーダーが1人で発揮するもの」という固定観念が人々に根付いているためです。

　かくして、多くの職場では、マネジャーがリーダーシップ発揮の打席に立ち続けることが固定化しています。そして、そのなかで、最も打率の高いマネジャーが、より上位のポジションに就き、チームを、会社を、リードしていくという「適者生存」アプローチがとられています。こうした「適者生存」アプローチで、リーダーが選ばれ、リーダーシップを発揮する人を固定化する組織運営方法は、既存の延長にある商品・サービスを、より速く、より多く、より安くつくることが追求されていた時代には理にかなっていました。ボールを最も多く打ち返せる人は、その解を一番知り尽くしている人でもあったからです。

　しかし、過去に正解を求めることができない今の時代は、こうした「適者生存」アプローチでは、打ち損ねられるボールの数がどんどん増えています。そして、打ち損ねられたボールが敗因となり、競合に負けてしまうことも珍しくない時代です。リーダーシップ発揮の打者を役職者に限定することは、企業が競争に勝ち続けていくために、とてもリスキーな選択肢になりつつあります。

　マネジャーになるかならないかは、「わずかな差」による結果である

のに、多くの企業で、マネジャーとメンバーの間に、リーダーシップの発揮機会に「大きな差」が存在する。このことに違和感を覚えていたときに、私が出会ったのが、本書で紹介した「シェアド・リーダーシップ」というチームのあり方でした。

　企業で、シェアド・リーダーシップな全員活躍チームを実現しているマネジャーの方々に調査を行うと、そうしたマネジャーの方々は、最も適した打者が、その時々にリーダーシップ発揮の打席に立てるよう、自らもときに打者になりながらも、メンバー全員が打席に立つための働きかけを、様々に行っていることが見えてきました。ただ打席に立つように指示をするのではなく、各メンバーが自らリーダーシップ発揮の打席に立ちたくなり、自信を持ってボールに対峙できるよう、準備や働きかけを、これでもかというぐらいに細やかな配慮で行っていました。

　本書にまとめている内容は、現場のマネジャーの皆さんにとって、当たり前と思われるものも一部にはあったかもしれません。しかし、本書の全ての内容を実際に実践できているマネジャーの方は、まだ決して多くないように思います。

　本書では、シェアド・リーダーシップな全員活躍チームを実現するために、マネジャーの方々に求められる行動の全体像を体系的かつ文脈が見える具体的な記述で描くことを目指しました。そして、そこに科学的な研究知見の裏付けを添えることで、現場のマネジャーの皆さんが、自信を持って新たな行動を取り入れ、続けられる一助になればと考えました。

　マネジャーの皆さんのチームづくりに、そして、企業の経営者、人事部門の方々のマネジャー育成の検討にあたり、本書がわずかながらでも役に立てることがあれば、これほどうれしいことはありません。

　本書の刊行にあたっては、大変多くの方々からご支援をいただきました。調査にご協力くださった博報堂、電通、LINE ヤフー、塩野義製薬、村田製作所、ワークマン、パナソニック、デンソー、サントリー、三菱地所、コニカミノルタジャパン、阪急阪神ビルマネジメント、大塚商会、そしてここにお名前をご紹介できませんが、さらに 1 社の企業のマネジャーの皆様に、この場を借りて、厚く御礼申し上げます。各社で、シェアド・リーダーシップなチームを実現されているマネジャーの皆様は、ご多忙のなかにも関わらず、チームづくりにおいて、日々、実践、工夫なさっていることを惜しむことなく回答くださいました。理想とするチームを実現する道のりは決して平坦ではなく、試行錯誤を繰り返し、葛藤を抱えながら最適解を模索され続けてきた過程について余すことなく共有くださいました。皆様から共有いただいた知見がなければ、この本を刊行することは決してできませんでした。マネジャーの皆様をご推薦くださり、調査のご調整をくださいました各社のご担当者様にも厚く御礼申し上げます。本当にありがとうございました。

　本書の構想、執筆には長い期間を要しました。現場のマネジャーの方々が活用しやすいものになるようにと、何度も関係者で議論を重ねました。本書の執筆の裏にもシェアド・リーダーシップなチームが存在していました。

　本書の共著者であり、私の博士後期課程の指導教員でもある中原淳先生に、まず、深く感謝いたします。中原研究室では、「違和感を見過ごさないこと」、「お届け先のある研究をすること」が非常に大事にされます。多くの人が当然視しているけれども、正しい状態、ベストな状態とはいえない事柄に疑問を投げかけ、誰かの役に立つ研究をなすことを、繰り返し指導されます。それを常に自ら実践され続けてきた中原先生の間近で学ばせていただいた時間は、私にとってかけがえのない財産です。

「わずかな差」で決まる"役職の有無"の違いにより、リーダーシップの発揮機会に「大きな差」が生じることの違和感を投げかけると、先生は、即座にその違和感に目を向けてくださいました。そして、研究として昇華し、企業の多くのマネジャーの方々にお届けできる知見となるよう、最初から最後まで伴走してくださいました。

構成を担当くださった井上佐保子さんは、研究知見を、現場のマネジャーの方々が理解しやすいものとなるよう、何度も私たちに問いを投げかけ、ともに表現を考え抜いてくださいました。

担当編集の宮川敬子さんは、読者の皆さんに臨場感を持って知見をお届けできるよう、例示の素材を丁寧に整理くださいました。

研究の過程では、石川淳先生、田中聡先生、舘野泰一先生（以上、立教大学）、石山恒貴先生（法政大学）から貴重なご指導を多数賜りました。また、中原研究室の皆さんからも有益なアドバイスや励ましを様々にいただきました。本当にありがとうございました。

会社の関係者の皆様にも深く御礼申し上げます。私の最初の上司である長谷川隆さんは、役職の有無や性別に関係なく、新人時代から、私やメンバーをリーダーシップ発揮の打席に立たせてくださいました。張士洛さん、長瀬秀則さんは、「リーダーシップが溢れる社会をつくるために」と、私たちの研究、執筆を構想段階からあたたかく見守り、後押ししてくださいました。

ここに全ての方々のお名前は載せられませんが、他にも大学、会社などで交流させていただいている多くの先生方や関係者の方々がご指導、ご支援、励ましをくださいました。支えてくださった全ての方々に厚く御礼申し上げます。本当にありがとうございました。

　"役職の有無"に関係なく、あらゆる人にリーダーシップ発揮の機会が溢れ、物事が実現する喜びを共有し合えるチームが広がっていくことを心から願い、本書を閉じます。

2024 年 5 月

【著者紹介】

堀尾 志保（ほりお しほ）
株式会社日本能率協会マネジメントセンター ラーニングデベロップメント本部 Director/Leadership Development。立教大学経営学部兼任講師、日本大学商学部非常勤講師などを兼任。博士（経営学）。専門はリーダーシップ論・人材開発論。高校時代に財団法人日本国際交流財団派遣生として米国に留学。立教大学大学院経営学研究科博士後期課程修了。株式会社日本能率協会マネジメントセンターにて、通信教育事業本部コース開発第二部長、研修ラーニング事業本部研修開発部長などを経て現職。現職では米国リーダーシップ研究機関Center for Creative Leadershipなど海外の研究機関との渉外業務に加え、企業の管理職、リーダー人材を対象とした教育企画や調査研究に従事。著書に『コンピテンシーラーニング』『これからのリーダーシップ』（共著、ともに日本能率協会マネジメントセンター）などがある。

中原 淳（なかはら じゅん）
立教大学経営学部教授。立教大学大学院経営学研究科リーダーシップ開発コース主査、立教大学経営学部リーダーシップ研究所副所長などを兼任。博士（人間科学）。専門は人材開発論・組織開発論。北海道旭川市生まれ。東京大学教育学部卒業、大阪大学大学院人間科学研究科、メディア教育開発センター（現・放送大学）、米国・マサチューセッツ工科大学客員研究員、東京大学講師・准教授等を経て、2017年〜2019年まで立教大学経営学部ビジネスリーダーシッププログラム主査、2018年より現職。「大人の学びを科学する」をテーマに、企業・組織における人材開発・組織開発について研究している。著書に『経営学習論』（東京大学出版会）『研修開発入門』（ダイヤモンド社）『駆け出しマネジャーの成長論』（中央公論ラクレ）『チームワーキング』（共著、日本能率協会マネジメントセンター）ほか多数。
Blog：NAKAHARA-LAB.NET（http://www.nakahara-lab.net/）
X ID：nakaharajun

リーダーシップ・シフト

全員活躍チームをつくるシェアド・リーダーシップ

2024 年 6 月 10 日　　初版第 1 刷発行
2024 年 8 月 10 日　　　第 4 刷発行

著　者——堀尾志保・中原　淳

© 2024 Shiho Horio・Jun Nakahara

発行者——張　士洛
発行所——日本能率協会マネジメントセンター
〒103-6009 東京都中央区日本橋 2-7-1　東京日本橋タワー

TEL 03(6362)4339(編集)／03(6362)4558(販売)
FAX 03(3272)8127(編集・販売)
https://www.jmam.co.jp/

装　　丁——————山之口正和(OKIKATA)
イラスト——————加納徳博
アイコン——————株式会社アプレ コミュニケーションズ
本文デザイン・DTP——株式会社森の印刷屋
印 刷 所——————シナノ書籍印刷株式会社
製 本 所——————株式会社新寿堂

ISBN 978-4-8005-9210-1 C2034
落丁・乱丁はおとりかえします。
PRINTED IN JAPAN

マンガでやさしくわかる 部下の育て方

中原 淳 著、葛城かえで シナリオ制作、柾 朱鷺 作画
四六判並製／224ページ

部下を持つということは、「自分で動き、自分で成果を出す」働き方から、全く異なる「他人を動かし職場の成果を出させる」働き方にシフトチェンジするということ。それは、まさにゼロからのスタートであり、ほとんど「生まれ変わり」に等しいほどの大変化となります。本書では、仕事を任せることで部下を育てていく4つのステップを、マンガのストーリーを通して学ぶことができます。

チームワーキング
ケースとデータで学ぶ「最強チーム」のつくり方

中原 淳／田中 聡 著
A5判並製／232ページ

チームワークとは、私たちの頭を悩ませるとても難問の1つです。チームを構成するメンバー全員の賢さと振る舞いこそが、チームの成果の成否を決めます。リーダーや管理職だけではなく、目標に向かってチームを前に進めようとしているすべての方々に「チームを動かすスキル」として、「必要な3つの視点」「求められる3つの行動原理」を授けます。

これからのリーダーシップ
基本・最新理論から実践事例まで

舘野泰一／堀尾志保 著
A5判並製／256ページ

時代によりリーダーの代名詞は変わりますが、洋の東西を問わず、人々を率いるリーダーのあり方は関心を持たれ続けてきました。本書は、「最も研究されているけれども、最も解明が進んでいない領域」ともいわれるリーダーシップ論に関し、これまでの研究の転換点、最新の研究潮流と合わせて、リーダーシップの発揮・教育に向けた具体的な実践方法について紹介していきます。

ワーママ30年&女性管理職18年の人気ブロガーが語る
女性管理職が悩んだ時に読む本

いくみ@女性管理職＆ブロガー／著
四六判／224ページ

女性管理職歴18年、ワーキングマザー歴30年の著者が、自身の経験を活かし、悩める女性管理職の気持ちに寄り添ってアドバイス。60の「あるある」な悩みを取り上げ、解決への糸口や考え方を示します。また、女性の社会進出の歴史的経緯や著者の経験を振り返りながら、女性管理職の苦悩を未来への希望につなげます。

日本能率協会マネジメントセンター